图书馆智慧化建设研究

邹积超　王　芳　聂　萌　著

海洋出版社
2023年·北京

图书在版编目（CIP）数据

图书馆智慧化建设研究 / 邹积超, 王芳, 聂萌著.
— 北京 : 海洋出版社, 2023.1
ISBN 978-7-5210-1075-6

Ⅰ. ①图… Ⅱ. ①邹… ②王… ③聂… Ⅲ. ①公共图书馆 – 图书馆服务 – 研究 – 中国 Ⅳ. ①G259.252

中国国家版本馆CIP数据核字(2023)第020208号

中共山东省委党校（山东行政学院）重大项目攻关创新成果
《图书馆智慧化建设研究》
TUSHUGUAN ZHIHUIHUA JIANSHE YANJIU

责任编辑：项　翔
责任印制：安　淼

海洋出版社 出版发行
http://www.oceanpress.com.cn
北京市海淀区大慧寺路 8 号　邮编：100081
涿州市般润文化传播有限公司印刷
2023年1月第1版　2023年1月第1次印刷
开本：787mm × 1092mm　1／16　印张：8
字数：125千字　定价：88.00元
发行部：010-62100090　总编室：010-62100034

绪 论

20 世纪 70 年代，美国著名的图书馆学情报学家兰卡斯特（F. W. Lancaster）曾预言“无纸社会”即将到来，并指出以收藏纸质资料为特色的图书馆将面临被社会淘汰的局面。2011 年，美国阿尔弗雷德大学的指导馆员布莱恩·沙利文（Brian T. Sullivan）对大学图书馆做了新的预言，指出以纸质资源管理为主的图书馆将于 2050 年消亡，这使得图书馆进行自我改革和升级成为必然。与此同时，在传统的图书馆管理中，图书馆还面临着建设资金庞大、资源利用效率低下、服务水平不高等诸多问题，这导致图书馆在社会服务中的功能价值越来越边缘化，实现自我转型已经成为十分迫切的问题。

结合我国图书馆的发展历史，我们不难看出，图书馆发展大致经历了传统、数字化、复合三个阶段。传统图书馆信息服务局限于馆藏空间、地理位置，主要通过图书馆馆员的手动操作来实现图书的管理，为用户提供的资源十分有限。数字图书馆阶段实现了图书馆对现有资源的形式转变，运用数字化技术将纸质资源转化为电子资源，但是对信息资源的扩充问题没有进行有效的解决。而复合图书馆阶段主要实现了实体资源与虚拟资源的共存，采用条形码进行图书管理，实现了对图书馆资源的一体化组织与管理，在很大程度上降低了图书馆馆员的记录量，但是无法帮助用户从海量的数据中获取对自己真正有用的信息。

在新的智慧时代，众多智慧技术的发展为图书馆的建设带来了新的发展契机，如大数据、云计算技术的深入发展，人工智能时代的到来，在很大程度上促进了图书馆的智慧化转型，使得图书馆在服务理念、服务内容和服务方式方面都发生了巨大的转变。但是，在智慧转型的过程中，图书馆也面临着诸多的问题，如技术标准问题、安全隐私问题、用户指导问题等。在这样一个复杂多变的智慧环境下，有必要对图书馆的智慧化建设进行系统的梳理，在梳理的过程中不断发现建设过程中取得的成效和存在的问题，从而更好地定位智慧图书馆的发展方向。

目　录

第一章　图书馆智慧化建设概念

一、智慧图书馆概念

（一）发展背景

智慧图书馆是21世纪图书馆学发展的一种新趋势，其概念是伴随着智慧图书馆理论和实践不断深化的。2003年，智慧图书馆的理念第一次被提出，2003—2004年，以芬兰、加拿大、澳大利亚等国家为代表的图书馆馆界积极地对智慧图书馆的理论和实践进行探索，其中最有典型代表意义的就是“图书馆联盟”，但是，这个阶段的智慧图书馆研究是缺乏一定的全面性和系统性的。虽然智慧图书馆的概念提出最早，但是智慧图书馆不是凭空产生的，需要借助一定的科学技术的运用和发展来不断深化和创新。因此，智慧图书馆概念在随后的发展中受到智慧星球、智慧城市的深刻影响，这也在很大程度上促进了智慧图书馆服务功能的优化。

2008年，IBM董事长塞缪尔鉴于长期以来取得的技术进展，首次提出了构建智慧星球的概念。随着人类世界组织体系的互联化、智能化发展，以高效、环保、可持续为核心理念的智能系统已经在全球范围内得到应用，并成为社会进步和经济可持续发展的重要动力。智慧星球的概念强调物联网技术在全球各行各业中的应用，并通过该技术将人们的生产生活变成一种更加动态、精致的智慧状态，这为智慧图书馆的形成打下了良好的基础。

2010年，智慧城市的概念首次在IBM公司发布的业务报告中提出，基于城市功能优化的角度，以提升居民生活品质为追求目标，利用新理念和方法促进城市发展的协同效应，使城市资源配置得到最优发挥，从而促进城市管理、服务和质量的提升，进一步将图书馆事业推向了崭新的阶段。

由此可见，在智慧星球、智慧城市的影响下，依托物联网和人工智能技术，智慧图书馆正逐步由移动服务发展为互联互通的全方位服务，形成了一种以智慧图书馆、智慧城市、智慧星球为主的智慧包含关系。智慧图书馆是智慧城市的重要组成部分,智慧城市是智慧星球的重要组成部分,因此,智慧图书馆是智慧城市、智慧星球理论在图书馆学方面的延伸，其发展概念也势必会受到智慧城市、智慧星球等概念的影响。

（二）概念界定

智慧图书馆是新时期图书馆变革的新趋势和方向。与传统图书馆相比，无论是其服务方式、技术运用，还是体验推广都具有一定的时代特征，因此，随着时代的变迁，智慧图书馆概念被不断赋予新的内涵，有关智慧图书馆概念的界定，国内外学者从不同的角度、不同的层面论述了自己的观点。

首位提出智慧图书馆概念的芬兰学者指出，智慧图书馆是一个可以移动、感知、不受空间限制的图书馆。靳梦茹将智慧图书馆定义为一种智慧技术和图书馆的结合体，它可以实现服务的智能化、感知的智能化。陈程则指出，人与物的互联互通是智慧图书馆的核心，体现了以人为本的可持续发展理念。通过文献收集整理分析，不难看出，国内外学者有关智慧图书馆的界定是多种多样的，但是主要集中在以下几个方面。一是从信息技术层面界定智慧图书馆。智慧图书馆的产生依托于物联网、大数据等新兴技术，通过对传统图书馆进行创新，来实现绿色、高效、可持续发展，不但可以为读者提供更加优质的服务模式，而且实现了自身特色的可持续发展。二是从感知服务角度界定智慧图书馆。从感知服务的角度，智慧图书馆不但可以为图书馆收集用户的读书偏好数据，为用户提供更好的服务体验，还可以给用户的视觉、听觉等多重感官带来更好的体验。如智慧图书馆依托于数字化、智能化技术，实现了读书体验的线上、线下融会贯通，不但提高了读者的感知化体验，而且实现了读者的个性化阅读需求。三是从综合的角度界定智慧图书馆。从综合的角度来看，智慧图书馆不但要包括泛在的空间、数字化的图书馆，还要包括物联网技术、智能化感知设备等，这些要素集合在一起，为用户提供更加高质量的服务。

综上所述,智慧图书馆是基于智慧技术(互联网、物联网、大数据、人工智能等)

的一种新型动态图书馆形态，是“以提供智慧服务为目标，以智慧馆员为手段，以全媒体资源为主要资源”形成的一种开放互动、共享共建的图书馆发展模式。

二、智慧图书馆特征

（一）建筑设备智能化

图书馆自身建筑设备的智能化是智慧图书馆的主要特征之一。通过将智能装置嵌入图书馆的建筑设备之中来实现图书馆的高度智能化，不但可以使图书馆建筑设备运行维护等更具有优势，而且可以实现图书馆的智慧化控制及管理。如图书馆馆藏文献作为图书馆的宝贵财富，对其进行精细、全方位管理十分重要，而图书馆建筑设备的智能化可以使用这些珍贵的文献处于适宜的照明、湿度和温度中，并通过对相关指标的实时检测及时预防文献的损坏。由此可见，智慧图书馆建筑设备的智能化实现了现代图书馆智慧定位及侦测防护功能。在图书馆智慧化的建设过程中，定位技术、无线射频识别技术等是图书馆建筑设备经常采用的技术。智能技术的运用，可以帮助图书馆馆员对图书馆内各种物理设施进行实时定位和监控，同时可以使用户轻易找到自己所需要文献资料的具体位置，如智慧图书馆机械人智能设备的运用，可以通过人脸识别来确定读者的身份信息。语音识别和沟通交流功能可以向用户进行图书的推荐、这种交互性大大满足了用户的个性化阅读需求。

在图书馆的构建中，建筑设备智能化是十分基础也是十分重要的一步。在图书馆建设中比较常见的建筑设备智能化内容有电子读者证，通过智能读卡设备可以将用户在图书馆的个人行为进行存储。自助借还系统可以用无线射频、条形码识别并借助条码扫描设备、电脑终端、书籍监控器等来实现图书的自主借还。智能书架在很大程度上解放了图书馆馆员的劳动力，提升了管理的效率性，通过多种图书的扫描，大大降低了图书搜索的工作量和图书的库藏，实现了书本的精准定位。除此之外，智能节能减排、智能座位、自动安防也是智慧图书馆建筑设备智能化的重要特征表现。智能减排可以对图书馆内的环境进行实时监控，以实现图书馆内节能减排的效果。智能座位彻底解决了各大高校图书馆的占座问题，实现了图书馆资源的最优配置，通过设置选座机并进行刷卡的方式进行选座。自动安防智能化则表现为门禁自动化、火灾预警与处置自动化、突发事件预警自动化以及应急疏散自动化。

而且随着5G时代的到来，加速了智慧图书馆智能化建设的升级，使图书馆成为集文化、学习、交流、休闲为一体的体验场所，并针对不同的问题，不同的人群创设了不同的体验项目。在5G网络的支撑下，图书馆内的所有智能设备都可以进行实时监测，并能实现各智能场馆、服务系统及用户之间的互联互通，为馆内的用户提供一个舒适的环境。在5G浪潮的冲击下，无感借阅成为图书馆新型应用场景，用户只需要刷脸就能识别，并通过与图书馆内的其他智能设备进行连接，实现无障碍地阅读。

（二）技术尖端化

智慧图书馆技术尖端化是其实现的载体，也是其不断发展的重要动力，而智慧图书馆的核心技术主要包括以下几个方面。

1. 物联网技术

物联网技术是目前国内外智慧图书馆建设中应用最为广泛的技术，其在2005年WSIS上正式被提出。但是物联网的概念早在1999年被提出，当时大众比较熟知的传感技术已经发展较为成熟，随着智慧星球理念的不断发展，物联网理念逐渐深入大众的视线，并引发了第三次信息技术行业的变革浪潮。传感、定位、自动识别是物联网的核心技术，如我们比较熟知的传感器、无线射频识别技术、二维码等，在图书馆智慧化建设中得到了广泛的应用，其在图书馆整架、借还、统计等方面发挥着越来越显著的作用，既提高了工作效率，又节省了人力资本。尤其是无线射频识别技术依靠电磁波，具有高效、安全、耐用的特点，但是成本相对较高。图书馆想要实现智慧化建设，物联网是其必不可少的技术基础，它实现了广泛的互联互通，实现了图书馆馆员、设备、文献资源、用户等的一体化发展，促进了图书馆服务模式的多元化发展，满足了用户的多元个性需求。

2. 大数据技术

大数据——Big Date 这一名词早在 1998 年就被提出，2008 年，《自然》期刊对其进行了详细的介绍，自此，大数据开启了崭新的时代。大数据是一种数据集合的信息资产，具有种类多、规模大、流转快的特征，需要特定的工具进行采集、分析、处理和存储，而大数据的应用为图书馆带来了巨大的变革，也成为图书馆智慧化建设的重要技术依托。大数据技术改变了传统的主观判断，为决策的开展提供了数据的支撑，也进一步提升了决策的效率和质量。大数据时代背景下，图书馆智慧化建设需要对人、技术、资源等相关要素进行重新审视和定位，才能为用户提供更加智慧化的服务。如依托大数据技术可以将用户的馆内行为、资源图片等非结构化数据进行关联、记录和整合，大大提高了现代图书馆的运行效率。

3. 云计算技术

云计算可以将海量的数据进行分解处理，因此分布式计算是云计算的本质，但是随着云计算技术的不断发展，分布式计算也变得更加复杂多元，如并行计算、负载均衡、热备份冗杂等，而软件、平台、基础设施是云计算得以施展的重要基础，因此，图书馆要想实现智慧化发展，运用云计算技术十分关键。

4. 人工智能技术

1950 年，一个具有影响力的概念“图灵测试”被提出，为人工智能的提出奠定了良好的基础。1956 年，“人工智能”的概念正式提出。1971 年，Lisp 语言被创造，使得人工智能理论框架得以形成。而 1997 年“深蓝”的推出使人工智能技术真正被大众所熟知，人工智能的强大也得到了进一步的认可。

作为最热门的技术之一，人工智能技术通过海量数据训练，实现了使用机械模拟人的智能，有效地解决了一些重复性强、标准化程度高、业务量重的工作。人工智能技术能够满足智慧图书馆建设中互联互通的建设理念，因此，成为图书馆智慧化建设中的关键技术。在图书馆的智慧化建设中，人工智能技术的应用可以实现设备对数据、知识进行采集、分析、处理和决策，不但实现了图书馆的自动化管理，而且可以代替人类去完成一些复杂多变的脑力劳动，这是人工技能技术优于自动化技术的重要表现，也是人工智能技术的重要特征之一。在图书馆智慧化建设中，人工智能技术的作用体现在多个方面，如机器学习平台、智能机器人、语音识别等，但是人工智能在图书馆中的应用重点是智慧服务机器人的运用，可以给予用户指引、讲解等开放式的互动体验，如上海图书馆的参考咨询机器人“图小灵”。

5. 移动互联网技术

移动互联网技术，即移动通信网络与原有计算机网络的结合体。相比于传统的网络技术来说更加方便、快捷，不但实现了时空的跨越，而且可以使用户随时随地进行信息访问，尤其是随着移动 5G 技术的不断发展，移动互联网变得更加稳定，并向高质量方向发展。而且，越来越多的图书馆更倾向于利用移动互联网提供业务，用户可以通过自身的手机、平板等移动端进行方便、快捷的信息获取，这也在很大程度上促进了移动图书馆的纷纷出现。尤其是微阅读时代的到来，加快了图书馆对移动互联网技术的应用，并增强了图书馆与微信、短信等第三方的合作意识。由此可见，移动互联网技术也是图书馆智慧化建设中必不可少的技术支撑，它可以促进图书馆资源建设的广泛流动性，为用户提供更加细致的服务。

（三）资源共享化

资源是图书馆存在、发展的必要条件和根基。没有资源，图书馆就难以实现可持续的发展。在图书馆智慧化的构建中，物联网、大数据、人工智能技术的应用进一步促进了图书馆资源的有机整合。与传统的图书馆资源相比较，图书馆智慧资源建设改变了传统单一局限的被动建设模式，以用户需求为导向，构建了协调共享的资源体系。

1. 资源共享共建

一个图书馆如何实现合理运作？收集一定的资源是必要的基础。在图书馆的智慧构建中，资源的智慧性能主要体现在以下两个方面。一是对数字资源的无界限存储。数字资源是智慧图书馆建设中的重要组成部分，随着数字印刷品资源的增长、数据信息资源的增长，实现对数字资源的存储十分重要。而构建智能库可以实现对数字资源的存储，通过将物理资源构建到智能芯片中，实现数字资源的存储和其他相关属性，以供用户使用。二是数字资源访问的量化，网络环境实现了智慧图书馆数字资源信息访问的量化，图书馆之间的互借共享机制，提升了图书馆资源的占有量。

一个图书馆想要建造自己的馆藏资源，不但要了解自身资源的使用状态，同时也要了解其他图书馆资源的使用状态，以实现自身图书馆资源的典型开发和资源的高度利用。在智慧时代，我们更应该完善数字资源，通过图书馆之间的合作来构建数字图书馆联盟，实现图书馆资源建设的共建共享，这也是图书馆智慧化建设的重要环节。

2. 打破数据孤岛

智慧图书馆既包括图书馆的智能设备，也包括图书馆馆员的智慧行为以及对用户进行智慧服务。用户使用图书馆智慧服务的主要目的是获取自己所需要的资源信息，这需要图书馆在智慧化构建的过程中充分利用智慧服务平台的优势，通过图书馆资源的互通共享、互联共建来为用户提供知识信息服务和社会公共服务。同时，在协同机制下要推动知识信息的高速交互、循环创新需要推动各图书馆之间的整合和相关数据的关联，需要建立统一标准的元数据库格式，需要利用大数据密切关注用户的需求动态，以打造交互式智慧服务。

（四）服务智慧化

智慧图书馆管理的核心理念是广泛的互联互通实现了人人相联、书书相联、书人相联，从而形成了新的图书馆服务模式——智慧服务，具体表现在以下几个方面。

1. 场馆建设服务方面

在场馆建设服务方面，无线射频识别技术的识别记录功能、GPS 技术的精准定位功能、红外感应的实时防护技术功能，大大提升了文献资源的服务管理效率。在智慧化场馆建设服务方面，由于场地空间的限制，借阅和藏书功能不能被完全替代。在这种情形下，为了实现体验项目和互动的多元性，要充分发挥智慧图书馆的文化传播媒介功能，将各种文化服务集中起来，为广大用户提供一个多功能、高质量的文化体验。如 AR/VR 体验活动、信息素质教育活动和科技馆联合举行科普教育活动等。

2. 个性化的服务

智慧图书馆的智慧化特点使得为用户提供个性化服务成为必然。首先，全方位立体化的管理可以使图书馆的资源服务变得更加智慧。在图书馆智慧化建设过程中图书馆资源可以得到充分地利用，这与传统图书馆保证文献资源的完整性、连续性功能是存在明显差异的。在智慧图书馆模式下，图书馆间、各种文献资源之间的协同价值可以得到最大限度地发挥，大大提升了文献资源的利用效率，满足了用户的多元阅读需求。其次，大数据技术和人工智能技术的结合进一步提高了图书馆服务的智慧程度。如大数据和可视技术的结合可以更加直观、形象地将多样文献数据进行呈现，也可以帮助图书馆管理人员更好地了解用户的行为习惯。

3. 功能的智慧化

功能的智慧化是图书馆在智慧化建设中一直追求的目标，也是对传统图书馆模式的全面创新。站在新的历史起点，图书馆被赋予新的职能，它不但是具有文化职能的基础设施，更是具有社会服务公共职能的重要场所。而且，随着时代的不断变迁，图书馆的社会公共服务职能被赋予不同的时代内涵。比如，学校图书馆作为学生学习与交流的重要场所，主要为学生提供知识服务；城市公共图书馆可以为文化活动、学术交流等提供服务场地，满足人们的知识需求和精神活动需求；而智慧图书馆作为图书馆的重要组成部分，同样具备社会公共服务和文化传播的价值，但与传统图书馆相比，除了具备文献资源服务形式以外，还形成了更加多元的形式，如观影活动、VR 体验活动，用户可以在虚拟的阅读场景中与知识内容进行互动，这使得图书馆的阅读推广活动迈上了新台阶。

4. 人性化的智慧服务

在图书馆进行智慧化建设过程中，我们需要明确一个问题，那就是图书馆的灵魂是什么？图书馆的产生和发展绝不仅仅是对文献资源进行保存和传承，更重要的是对文献资源所蕴含的人文精神进行挖掘和传承，因此人文精神是一个图书馆的灵魂所在，这也是智慧图书馆构建的关键所在。在智慧图书馆建设的过程中，如何体现这种人文精神？这需要图书馆管理人员由管理者向服务者进行转变，由被动服务向主动服务进行过渡，切实把用户的需求放在首要位置。在智慧图书馆服务模式下，用户有了更加便捷、广泛的选择，可以享受更加智慧化的服务，如24小时全天候无人借还系统、“你问我答”导航交互系统、移动可视化系统等，实现了用户随时随地接受图书馆服务的需求，为用户提供了更加便捷、快速的交流共享学习空间。这种人性化的智慧服务，使得图书馆的人文精神实现了可持续发展。

三、图书馆智慧化建设标准

我国有关图书馆资源建设的标准主要借鉴国外标准体系进行，主要集中在元数据的保存和科学数据管理规范上。在我国图书馆的智慧化转型中，资源建设标准要结合我国国情，要借鉴已有标准，可以从以下5个方面进行我国特色智慧图书馆标准体系的构建。

（一）核心馆藏建设

智慧资源是基于各类智能技术集成、重组、布局而呈现的一种资源，是传统图书馆与数字图书馆的有机结合，资源主要来自购买和自建。在智慧图书馆模式下，核心馆藏资源建设的标准体系应该建立以保存为前提，数字出版、加工和利用为基础的核心馆藏建设上。

1. 数字化馆藏

在图书馆智慧化建设过程中，数字化馆藏是智慧图书馆建设的核心，是图书馆开展服务工作的基础和前提。随着信息技术、智能技术的发展，数字化信息资源已经成为智慧图书馆馆藏资源建设必不可少的部分，但是由于数字馆藏技术的不断发展和深化，国内外学者有关数字化馆藏的界定还未形成统一的观点，以下是部分文献的观点。

数字化馆藏是借助计算机网络技术、智能技术实现馆藏资源的数字化处理，以提供给用户电子信息资源。

数字化馆藏不仅包括数字馆藏资源，还包括数字资源的管理、存储和服务。

综上所述，数字馆藏是专门针对图书馆的数字资源而发展的一种资源，它可以克服现有图书馆馆藏中的弱点，提升馆藏的活力，从而保证用户的信息获取需求过程。

2. 数字化馆藏的构成

（1）实体馆藏

数字化实体馆藏与传统的图书馆馆藏既有区别又有联系。传统图书馆馆藏可以为实体数字化馆藏建设提供数字化版本，两者在内容上是一致的，只是在形式载体上存在差异。同时，数字化馆藏可以对传统图书馆馆藏进行丰富和完善。

（2）虚拟馆藏

联机检索数据库和网络的信息资源均可作为智慧图书馆的虚拟馆藏，虚拟馆藏的构成通常也包括两部分：一是联机检索的数据库，是可以在线利用的电子信息资源，通常通过签约付费，获取资源的检索使用权，这些资源往往不是在图书馆中，而是在资源数据库商提供的服务器上，在智慧图书馆虚拟馆藏构建中所占的比例较大；二是网络信息资源，根据智慧图书馆的馆藏发展需要和用户需求，对网络中的信息资源进行选择和检索，并通过连接和下载提供给用户使用。

（3）数字化馆藏的形成方式

智慧图书馆的数字资源可以从形成方式上分为自建式数字化馆藏和购入式数字化馆藏。自建式数字化馆藏是对图书馆自身特色数据库进行建设，它既可以通过扫描、加工成数字化形式对图书馆的特藏、古籍进行保存，还可以提高馆藏文献信息的利用率，解决印刷本图书共享低的问题。购入式数字化馆藏主要是采用市场购买的形式对图书馆数据资源进行丰富，主要有速度快、标准化程度高、系统功能强的特点。

3. 核心馆藏建设的原则

（1）协调发展原则

在智慧图书馆核心馆藏建设中，要坚持印刷型馆藏与数字化馆藏协调发展原则。印刷型馆藏文献信息传递直观性好，在图书馆馆藏建设中占有重要地位。但是，智慧图书馆作为现代信息技术发展的重要产物和图书馆发展的重要趋势，得到越来越广泛的应用，因此发展数字化馆藏是图书馆馆藏发展的重心。因此，在智慧图书馆核心馆藏的建设中，合理配置两者之间的比例关系，可以实现两者的优势互补，从而使图书馆的功能价值得到最大限度的发挥。但是，在配置两者之间比例关系的时候，也要根据图书馆的具体情况进行确定，如高校图书馆相比于公共图书馆来说，其数字化馆藏的比例要高一些。

增加信息总量是图书馆采集信息的目的，但同时也要避免印刷型馆藏和数字化馆藏之间的重复交叉问题，这需要智慧图书馆在进行核心馆藏构建时从整体上进行规划，以确保馆藏资源建设的完整性，最大限度地满足用户的需求和阅读习惯。由此可见，协调发展原则在智慧图书馆核心馆藏建设中具有重要价值。

（2）“拥有”和“存取”共存互补原则

在图书馆馆藏建设中单一的拥有建设理念、单一的存取建设理念都是不健全的，在智慧图书馆的建设中要突破现有的理念建设现状，实现“拥有”和“存取”的平衡。因此，在智慧图书馆核心馆藏建设中要建设“拥有”和“存取”共存互补的原则，以明确定位智慧图书馆的核心馆藏建设范围，是以“存取”为主，还是以“拥有”为主，从而充分发挥两者互补、互动的关系，使智慧图书馆呈现两者共存互补的馆藏格局。

（3）优化配置原则

为了最大限度地发挥图书馆馆藏文献的利用价值，充分实现智慧图书馆的功能价值，优化文献资源配置十分重要。馆藏资源质量是图书馆服务的保证，因为馆藏质量的高低在很大程度上受到经费配置的影响，所以在智慧图书馆核心馆藏的构建中必须充分考虑经费的合理配置，要合理配置核心馆藏与一般馆藏的经费比例，并根据核心馆藏资源的利用情况科学调整经费比例。通常情况下，根据核心馆藏类型的不同，设置一定的经费比例，并根据资料的利用率不同，设置不同的经费，往往利用率高的资源材料，其经费比例也相应较高。

在对智慧图书馆核心馆藏进行合理配置的时候，一方面要综合考虑不同文献载体版本的优、劣势，以有机整合实体资源与虚拟资源，实现各种载体文献资源的优势互补，实现核心馆藏建设的特色一体化发展；另一方面要结合智慧图书馆用户的需求，建立起适合不同用户层次需求的最优文献资源模式组合，以满足不同用户对文献资源的多元化需求。

在智慧图书馆核心馆藏建设中，购书经费短缺是制约其发展的一个重要问题，针对这种情况，更需要进行购书经费的合理使用和分配，以在有限的购书经费范围内，最大限度地提升馆藏资源价值。

4. 核心馆藏建设模式

（1）核心馆藏文献数字化模式

图书馆不仅是教育、科研的机构，更是社会文化传承的重要载体。因此，无论图书馆的形式如何变迁，其始终扮演着社会文献保存者的角色，并拥有其他机构所不可比拟的独特馆藏文献信息的资源优势。而图书馆智慧模式的发展，可以将传统图书馆的服务模式变得更加有序化和组织化，在这个过程中，核心馆藏文献的数字化成为智慧图书馆建设的重要模式。

在对核心馆藏文献进行数字化的过程中，项目规划是必不可少的，也是最基础的一步。智慧图书馆核心馆藏的建设是以原有的丰富馆藏文献资源为依托，面对如此多元化、规模化的数字馆藏资源，以及因技术、人力、财力的限制，现有的馆藏文献资源不可能同时全部数字化。在这样的情形下，需要对现有的文献资源进行充分调研，明确核心馆藏文献在进行数字化时候的优先顺序。在进行核心馆藏资源数字化的时候要锁定珍贵文献、特色文献和利用率高的文献，然后再进行审慎选择，以最大限度地发挥核心馆藏资源的社会效益和经济效益。

在我国智慧图书馆核心馆藏的建设中，首先，要对具有较高保存价值的文献进行数字化，以起到对文献的保护作用。一些纸质核心馆藏资源具有较高的保存价值，如史料文献、人类文明文献等，对中华民族优秀文化及民族精神的传承具有十分重要的价值意义，但是，由于纸质载体自身的缺点，在多次、长时间的阅览中，会出现一定的磨损和损害情况。针对这种情况，亟需进行文献的数字化，以实现其可持续的传承和价值的永久发挥。其次，要对使用频率较高的核心馆藏文献进行优先数字化。文献被利用的次数越多，说明其社会效益和经济价值越大，说明用户对其需求越大，同时使用频率越高的馆藏文献存在的损坏风险也越大，因此要优先对这类文献进行数字化，在保护文献资源的同时，提高核心馆藏资源的利用价值。因此，在进行核心馆藏数字化项目规划的时候，要对馆藏资源的使用频率进行相关数据的统计分析。最后，要对特色文献资源进行数字化。一个图书馆的馆藏资源优势在于特色文献的建立，这是实现价值创造的关键，智慧图书馆也不例外。在智慧图书馆核心馆藏的构建中，要确立特色文献建设，如国家图书馆建立的甲骨文文献资源库就是中国特色文化之所在，可以进一步提升智慧图书馆的价值和特色。

在项目规划的基础上，要对核心馆藏文献数字化的工作方式进行确定。通常情况下，核心馆藏文献数字化的工作方式有两种：一是自主开展方式，主要由图书馆自主开展核心馆藏文献的数字化业务；二是业务外包方式，主要是由数字化业务承包商对核心馆藏文献进行数字化处理。在这两种工作方式下，都需要一定的专业人才队伍、专业设备、专业技术和管理制度保障。与此同时，这两种工作方式都有各自的优、缺点，自主开展方式可以培养图书馆工作人员的业务能力和数字化专业性，同时可以保障信息的安全性，但是投入的费用较高，生产能力也有限，因为图书馆的主要职能是提供知识服务，而不是进行文献数字化生产。业务外包方式可以有效地解决核心馆藏资源规模化、效率化的数字化转变问题，但是无法进行现场的质量控制，存在一定的交流阻碍，而且原始信息的搬运，还存在很大的信息安全问题。因此，在进行智慧图书馆核心馆藏数字化建设的过程中要结合自身的发展要求、经济和业务能力做出理性的选择。

智慧图书馆核心馆藏的建设是一个系统复杂的工程，除了做好上文所提的两方面工作以外，还应该注意以下几个关键问题。一是前期规划。图书馆要对自身的实际情况进行全面的了解，并进行如信息政策馆藏规模、经费、文献特色等的充分调研，以明确智慧图书馆核心馆藏建设的方向。二是数字信息的安全性。与传统的纸质文献相比，不稳定是数字资源的主要缺点，其动态、易变和可操作性在很大程度上对资源的信息安全造成了威胁。因此，在核心馆藏数字化的构建过程中，要确保原文献的安全，确保内容与原文献的一致性，确保文献信息内容不泄露。三是知识产权。智慧图书馆核心馆藏的数字化建设在很大程度上实现了资源的共享，但同时也面临着信息侵权的问题，在这种情形下，加大知识产权的保护力度显得更加重要。四是遵守效益性原则。在进行智慧图书馆核心数字馆藏构建的时候，要对经济成本和效益进行评估，以保障其持续稳定地发展。五是信息的标准化。在核心馆藏数字化建设中，由于信息数量大、种类多和信息标准的不一致会导致体系建设的不兼容问题。因此，在构建的过程中要强化信息组织与传递的规范标准化，对文本格式、参数指标和流程模式进行统一的规范，以确保核心馆藏建设的顺利开展。

（2）电子资源集团采购模式

集团采购是数字化馆藏发展的重要模式，可以降低采购价格，增加电子资源的客观、公正评级，增强成员馆之间的合作，提高用户获取电子资源的能力，因此，在进行核心馆藏构建的时候可以采用。

电子资源集团采购的协调方式主要有分馆采购方式和整体采购方式两种。分馆采购方式主要是采用统一的规划和组织，在专门集团采购协调机制下，由各个图书馆进行数据的部分购买，然后整合成一个整体数据库，由各集团内的成员进行共同使用。但是，每个成员购买数据库的能力是存在一定差异的，需要各成员馆结合自身的实际需求、馆藏特点和规模等进行统筹规划，按学科进行分工收藏，既提升了收藏的品种性和灵活性，又降低了收藏的重复性，尤其针对那些可以有效分割的综合性数据库产品比较适用。整体采购方式是由集团出面与数据库供应商谈判来购买整个数据库，在采用该种采购方式的时候需要对各图书馆的资源信息进行收集、评价和汇总，并构建出拟采购的电子资源，然后由联盟综合成员单位进行审核与汇总，确定初步的采购对象。整体采购方式的优势在于容易实现数据资源的共享，保证数据库采购的全面性，但是费用问题、针对性不强等问题突出，对于一些专业性较强的数据库产品可以采取该种方式。

（二）实物数字化延伸

智慧图书馆实物数字化的延伸主要是借助扫描、虚拟现实和人工智能等技术开展特定主题建设，以实现实物、场景的深度展示和关联，为用户创造更加深刻的体验，同时要建立元数据操纵、内容编码等为核心的资源数字化标准体系，以构建文献资源的长期保存和管理标准。下面我们将重点介绍两种标准化技术下的实物数字化延伸。

1. VR 技术在智慧图书馆的应用

（1）VR 技术

VR 技术是虚拟现实技术的英文简称，其本质是真实世界的映像，通过创建一种酷似客观环境的时空，来为用户提供更加真实的体验。它是借助计算机技术创建多维可视化环境，集物理空间和心理空间为一体，主要是对虚拟世界的内部模拟。它不仅是一种人机接口，更可以通过交互的方式来实现视觉、听觉和触觉等多种感官的刺激，还可以通过用户与虚拟世界的交互来提升用户的感受和体验。VR 技术的应用通常采用两种形式：一是对真实世界的再现；二是完全建立在虚拟技术之上的人造世界。通过这两种方式可以使沉浸在虚拟环境中的用户产生多重感知，由此可见，在进行虚拟技术应用的时候必须构建三个必不可少的系统：一是为了表现虚拟现实的感觉信息合成系统；二是为了使人们和 VR 进行相互作用的动作计测系统；三是对动作执行和感觉反馈因果关系进行表示的系统。

（2）虚拟现实技术在智慧图书馆实物数字化延伸方面应用的必要性

图书馆实物数字化既是信息网络时代图书馆发展的必然趋势，也是用户学习空间拓展、终身教育理念不断深入的重要体现。作为智慧图书馆的重要组成部分，实体数字化延展在很大程度上促进了图书馆的无时空限制、分布式和便捷式信息中心的构建，为用户提供了更加优质的图书馆服务，也成为新时期图书馆智慧化发展的新课题。

第一，VR 技术是 21 世纪三大关键技术之一，其作为一种沉浸性、可视化、多感知和三维建模的集成技术，实现了用户与虚拟世界的交互，因此，在众多领域中得到了广泛的应用。在智慧图书馆的建设中，VR 技术的应用将进一步丰富数字资源，提升图书馆的智慧体验，在提升服务质量的同时，满足了用户的体验式需求，其应用价值是不可言喻的。

第二，社会发展的需要。图书馆新服务、新功能的出现在很大程度上反映了人类社会的进步和经济技术的发展，同时，图书馆创新服务的发展在很大程度上促进了社会文化的进步，因此，图书馆的发展和社会的发展两者是相互促进的关系。在图书馆的智慧化发展中，注重创新是其适应社会的不断动力。想象性、沉浸性和交互性是虚拟现实技术的主要特征。在实物数字化延伸的过程中，通过对虚拟现实技术的三个特征进行应用，可以实现信息资源的虚拟构建，为用户提供更加直观、深入的服务。VR 技术的应用强调体验式情境的构建，展现了以人为本的服务理念，图书馆通过提供虚拟实景、虚拟漫游等服务，来实现人机交互，展现了以人为本的价值理念。

第三，智慧图书馆建设的需要。一直以来，文化都是提升民族凝聚力、创造力和国际竞争力的关键所在，而数字图书馆的建设在很大程度上促进了公共文化服务设施的平衡，满足了人们日益增长的精神文化需求。数字图书馆作为信息时代传统图书馆的延伸，在传统图书馆服务功能基础上实现了深层次、集成化和数字化的功能创新。因此，要加强数字图书馆的建设，就需要充分利用 VR 技术等高新技术，以充分发挥图书馆在信息社会中的服务职责。

第四，有利于优势互补、创新图书馆服务模式。数字图书馆是图书馆现代信息发展的重要形式，VR 技术作为一种实现交互的可视化技术，可以为用户带来更加身临其境的沉浸式体验。在图书馆的智慧化构建中，VR 技术可以非常方便地实现信息资源的三维建模，使用户足不出户就可以看到三维的图书、期刊等，使用户体验更好的交互界面。同时，VR 技术的应用可以改变传统图书馆被动、单一的交互状态，更便于数字图书馆参考咨询服务的提供。在实物数字化延伸的过程中，通过利用 VR 技术的优势可以实现信息资源和服务方式的拓展，提升了人类与信息时代的接口能力和理解能力，促进了用户从感性到理性的上升，进一步拓展了实物资源的应用范围。与此同时，实物数字化的延伸也是创新图书馆服务模式的需要，VR 技术可以实现实物数字化过程中多维信息空间的构建，从而为用户提供更加智能化、个性化的服务。在虚拟技术没有诞生之前，人类学习获取知识的方式主要有两种：一是通过学校、书本进行间接学习；二是通过现实世界进行实践学习。虚拟技术诞生以后，一个可以感知、接触的新时空呈现在大众的面前，利用 VR 技术为不同用户提供属于自我的个性化体验，这在很大程度上体现了图书馆智慧化构建中的个性化服务理念。

（3）虚拟现实技术在智慧图书馆实物数字化延伸方面应用的可行性

“三网”融合、物联网的建设以及虚拟现实技术的特点为 VR 技术在实物数字化延伸中的应用提供了可行性。“三网”融合实现了网络资源的共享，在很大程度上降低了网络的重复建设，提升了网络通信的安全性和品质，为 VR 技术在实物数字化延伸中的应用提供了更好的网络基础设施。网络基础设施的高速、高宽带可以最大限度地提升虚拟环境的逼真度，降低三维虚拟环境的延迟和误差，提升用户的体验感，同时创新了虚拟系统的构建方式。物联网为 VR 技术的应用提供了更多元的传感设备，如无线射频识别技术、全球定位系统和激光扫描系统等，在很大程度上促进了实物数字化的延伸。

智慧图书馆实物数字拓展化既是知识定位系统完整化的需要，又是渗透终身的教育理念、促进社会文化发展的需要，更是传统图书馆在信息时代的延伸。VR 技术作为计算机技术水平和科学思维高速发展的产物，实现了人们通过自然的方式同虚拟环境进行交互，可以提供给人们视觉感官与现实世界逼真的虚拟三维环境，为人类创造和体验虚拟世界提供了有力的支持。VR 技术的沉浸性可以为用户营造一种虚拟的真实情境，使用户全身心地投入到虚拟的信息世界中；交互性可以满足用户语言、动作、行为等的交互；想象性则有助于用户通过推理联想获取更多的知识。实物的数字化延伸是数字图书馆发展过程中的一种重要表现形式，VR 技术的应用可以增强图书馆与用户的互动和交互，通过借助计算机网络技术、移动通信技术，借助知识分类和精准检索手段，实现用户与图书资源的亲密接触。如利用配套数字手套，可以感受到不一样的古籍文本，体验到不一样的文化视觉冲击。

VR 技术可以应用于实物数字化延伸过程中的分布式管理，让不同物理位置的多个数字化用户通过网络连接进行信息共享，实现虚拟经历的共同体验，从而把图书馆的服务提升到一个更高的境界。VR 技术应用于实物数字化延伸过程中的图书信息检索，其可视化特点可以将复杂的文献资源信息进行直观生动化，从而帮助用户更好地理解、获取信息，可以帮助用户直接观察知识和规律，为图书馆建设提供了一种全新的洞察分析方法。VR 技术在实物数字化延伸中的参考咨询应用可以带给用户超越现实感官的体验，实现了对真实世界的增强感。

（4）VR 技术在实物数字化延伸中的标准体系构建

一是虚拟空间的延伸。建立虚拟空间是实物数字化过程中的自然延伸，也是 VR 技术应用于实物数字化延伸的精髓所在。VR 技术可以方便地创建虚拟化空间，用户可以通过视听等多感官的交互参与到图书馆的环境中，可以自由地在图书馆内进行漫步，也可以将图书馆进行多角度的旋转，这是传统实体图书馆所无法实现的功能。在虚拟空间的构建过程中可以选择标准的 VR 建模语言和工具进行创建，主要是基于 VRML 来实现三维模型的建设，易于控制和操作，而且不需要特别的浏览设备进行观看。VRML 是现阶段三维互动网站制作的主流语言，其具有较强的立体感和沉浸感，是传统图书馆所无法比拟的。VRML 所生成的数字虚拟空间，不但虚拟空间可以动，用户也可以按照自己的浏览意志进行操作，具有极好的交互作用。除此之外，根据沉浸感的不同，应用 VR 技术构建数字化虚拟空间也存在一定的差异。小型图书馆的窗口 VR 系统，以计算机屏幕作为用户的观察窗口，成本低、效率高，通过空间跟踪设备、数字手套等就可以实现与虚拟空间的交互。增强式 VR 系统通常采用头盔显示器实现与虚拟空间的互动。因此，图书馆实物在进行数字化延伸的过程中要结合自身的实际情况，进行相关虚拟空间的拓展延伸。

二是信息资源的延伸。图书馆的数字化是信息时代现代图书馆的延伸，实现了服务和资源的创新拓展，尤其是信息资源的建设，成为未来图书馆智慧化建设的重要内容。当前信息资源的开发利用已经成为衡量一个国家国际竞争力的重要标志，因此，在图书馆智慧化的建设中加强信息资源的建设变得更加重要。为公众提供普遍均等的公共文化信息服务是智慧图书馆的重要职责，而信息资源收集是整个图书馆工作的基础。数字化作为新时期图书馆发展的一种新形态，利用VR技术进行图书馆信息资源的建设来进一步丰富图书馆数字化的信息内涵，提升图书馆数字化的信息资源维度。信息资源内容和形式的原始性是文献资源的本质属性，对于传统纸质文献资源来说，其原始性很容易得到保障。但是，对于数字化资源来说，由于其不稳定性，其原始性得不到有效的保障。VR技术有效地解决了这一问题。VR技术可以实现对原始文献资源的识别、模拟、比对和鉴定等，在很大程度上还原了文献的真迹原貌，保证了文献的原始本性。如CADAL阅读器的使用，不仅具有传统纸质图书翻阅、评注的功能，还具有数字图书自动缩放、自动跳转等功能，大大促进了纸质图书价值的拓展延伸。在实物数字化延伸的过程中，所存储的信息也应该更加多元化，要将VR技术的三维信息引入图书馆的数字化建设中，以提升信息资源建设的主动性和生动性。

三是信息检索的延伸。服务于社会是图书馆发展的根本目的，VR技术在图书馆信息检索中的应用可以使图书馆更好地服务于用户，主要表现在交互性和可视化的应用中。VR技术的可视化充分利用了人类的感知力，提升人类交互的灵活性和主观能动性。信息检索的可视化应用，改变了人类与计算机被动、枯燥的交互状态。信息检索的可视化可以将抽象的数据关系转化为可视化展示，主要包括过程的可视化和结果的可视化，其优势在于减轻人类的认知负担，通过实现信息空间的形象化，来提升用户的感知能力。不但丰富了信息的检索内容，也为信息的展示和分析提供了更加广阔的空间。在可视化的信息检索中，用户可以采用浏览和提问的方式，从而进一步增强信息的检索功能。由此可见，VR技术在信息检索的可视化方面具有不可比拟的优势，其可以弥补传统信息检索过程中无法控制、不连续、不直观的缺点，使检索过程更加可控、高效和直观，从而实现动态深层次主题的聚集和信息检索路径的扩充。

四是参考咨询的延伸。参考咨询是数字图书馆服务的重要组成部分，是提供文献利用和开发的重要手段。VR 技术的应用使参考咨询的形式和内容发生了本质的改变，可以为用户提供更加动态、便捷的服务。VR 技术作为可视化技术、网络技术等的融合，在数字图书馆参考咨询的应用中，可以进一步提升图书馆参考咨询的灵活性、生动性。通过运用微信、QQ 等可视化交流工具，为图书馆用户提供多样化的参考服务。通过 VR 分布系统的应用可以促进馆员与用户自然的交互，一方面可以拉近馆员与用户之间的距离，使用户更加主动地参与咨询服务；另一方面树立了图书馆优质高效服务的良好形象，吸引更多的用户加入。由此可见，VR 技术在图书馆数字化参考咨询中的应用是其发展方式和理念不断创新的需求，可以使图书馆真正成为素质教育、终身学习的重要文化场所。

2. AI 技术在智慧图书馆中的应用

（1）AI 技术

AI 技术是人工智能技术的英文简称，是基于人工智能而发展的一种现代化科学，其与信息技术的最大差异在于具有自主学习能力。由此可见，人工智能是与人类思维方式相似的计算机程序，可以模仿人类的行为和思维，该技术在智慧图书馆中的应用可以最大限度地发挥图书馆的教育孵化功能。与图书馆相关的人工智能技术主要包括以下几种。一是模式识别技术。其是人工智能的基本技术，通过研究生物体来实现计算机的拟人化。它可以应用在图书馆的许多方面，如长度距离测算、立体状态构建，身份信息的识别以及自主借还书的构建等，主要从具体的问题出发，来解决数字化资源构建中的易于失真和不稳定的问题；二是自然语言处理技术。以计算机为工具对人类的自然语言信息进行处理，如信息的抽取、机械翻译、文本的分类以及信息检索等。在人工智能环境下，智慧图书馆正朝着智能咨询机器人的方向发展，如何使智能咨询机器人具备自然语言处理能力，自然语言处理技术是必不可少的；三是机器学习技术。作为人工智能的关键核心技术，机器学习技术可以实现数据的自主解释分析以获得新的知识内容，而深度学习是现阶段机械学习技术应用的热点技术，作为一种独特的学习方法可以提高图书馆智慧化建设的深度，如文献关键词的自动提取在很大程度上增强了机器智慧学习的程度；四是知识图谱技术。可以让机器人对人类所在的世界形成一定的认知和理解，具有较强的语言表达能力，较高的智能系统，并通过相互链接的方式为用户提供更加全面的信息资源；五是计算机视觉技术。主要是对生物视觉的一种模拟，是基于 CNN 完成的，主要应用于智慧图书馆内的智能监控感应系统；六是人机交互技术。作为图书馆智慧化建设中的一种外围技术，主要依靠一系列的交互传感设备来实现信息的双向性交换，如图书馆的文献自动借阅、智能参考咨询等都运用了人机交互技术。

（2）AI 技术在实物数字化延伸中应用的重要价值

将人工智能技术应用到信息服务中去，可以促进图书馆的精准、高效化发展，从而为用户构建更加人性化、智能化的数字化空间。一是 AI 技术在实物数字化延伸中的应用可以促进图书馆管理运行的高效化。传统图书馆缺乏全面的人性化管理与服务，在很大程度上制约了用户对图书的利用效率。AI 技术的应用可以使图书馆数字信息资源数据的价值功能得到进一步提升，依托智能感知和识别技术，图书馆的管理平台日益智能化和完善化，在很大程度上提升了图书馆用户获取信息资源的方式，从而促进图书馆整体管理与服务的高效发展。二是 AI 技术在实物数字化延伸的应用可以促进图书馆服务对象的精准化。实物数字化的发展要基于每个用户的需求，因此要坚持个性化原则，重视每个个体的问题。而 AI 技术的应用可以实现服务对象的大数据分析，精准掌握不同用户的需求差异，从而形成一个具有针对性的、完整的数字化服务网络。三是 AI 技术在实物数字化延伸中的应用可以促进图书馆空间功能的人性化。AI 技术集智能化和人性化为一体，用户可以借助智能移动设备随时随地获取海量的图书资源信息，图书馆借助 AI 技术可以打造更加完善的智能服务，在很大程度上促进了传统图书馆服务由被动向主动的转变，促进了图书馆实体数字化全新智能空间的发展，从而实现用户需求的个性化服务。

（3）AI 技术在实物数字化延伸中的标准体系构建

在图书馆实物数字化延伸的过程中应用 AI 技术，要做到以下几方面的标准构建。一是构建智能资源模块，打造便捷的空间布局。实物数字化延伸体现了图书馆建设空间的综合性，因此打造完整、便捷的空间，是图书馆实物数字化延伸的首要任务。二是要建造专业服务设施，提高图书馆服务精度。实物数字化的延伸需要有专业的服务设施为依托，因此在图书馆的智慧化构建中要加大专业服务设施的建设，如专业咨询机器人、智能分拣等。三是要感知用户需求，提供个性服务方案。感知元素在实物数字化的应用可以实现信息资源向用户的个性推送。

（三）资源共享合作网建设

信息资源建设是图书馆资源建设过程中的一个亘古不变的话题，自古以来，无论是私人书院还是官方图书馆，都特别注重对图书信息资源的收集和保存。而随着现代信息技术的不断深入发展，人们对图书的信息资源需求日益增加和多元，在这种情形下，合作成为图书馆信息资源建设的必要路径。资源共享合作网站建设强调建立以共享为基础，以统筹构建、优质高效为目标，以资源开放获取为准则的标准规范体系，以促进资源服务能力和科研报告能力的协同发展。

1. 图书馆信息资源共享

共享是共同地享用，彼此之间互通有无。图书馆信息资源共享是建立在自愿、平等和互相促进的基础上，通过各图书馆之间统一平台的构建或者是图书馆之间的合作，来实现图书馆之间信息资源的协作运用，以最大限度地满足广大用户对信息资源全面深入的需求。而合作共建是开展图书馆信息资源共享的前提条件和基础，只有共建才能共享，因此在智慧图书馆的共建共享中，建立信息资源的共建共享标准是十分重要且必要的。

2. 图书馆信息资源共享合作的基本内容

图书馆信息资源共享合作是基于共享经济提出的资源有效配置，是共享经济时代的重要产物。共享经济是利用现代互联网技术和高新技术来实现资源的有效利用和社会行为的分享，因此在进行图书馆资源共享合作的时候，要坚持三个原则：一是自愿原则，要确保合作参与者的自主行为和自觉行为；二是平等原则，每个合作参与主体都具有平等的权利，无论大小，还是先进落后，在共享体系中都具有平等的权利；三是互惠原则，每个合作参与者都能够获得平等的利益。

在图书馆信息资源共享合作的基本内容构建过程中，建设图书馆信息资源共享运行机制是十分重要和必要的，它可以引导和制约决策参与者的各种行为，该机制的实现不仅需要人力、技术和信息等的支持，而且更需要制度、法规等手段的保障。

3. 图书馆信息资源共享合作模式

（1）行政支持的协作模式

行政支持的协作模式是通过行政力量的引导和干预来促进图书馆信息资源的共建共享合作的开展，该种协作模式通常需要建立一定的行政职能信息管理中心，并从整体的角度制定资源建设方案，目的在于降低各图书馆馆藏资源建设过程中的重复问题，在确保资源最大价值化利用的同时，提升图书馆文献资源的覆盖效率，从而实现信息资源的共建。

（2）联盟式信息资源共享模式

联盟式信息资源共享模式是在公平、自愿和相互制约的基础上构建的图书馆联合体，该图书馆联合体的构建实现了资源的共建共享，促进了图书馆事业的整体协同发展。联盟式信息资源共享模式保留了原有的行政、人事关系，并通过建立共同的认定中心来实现协调组织和分工，以实现对用户信息资源的共享服务，中国的 CALIS、天津的 TALIS 等采用的就是这种资源共建共享模式。

（3）行政支持协作与图书馆联盟相结合的模式

行政支持协作与图书馆联盟相结合的模式基于以上两种模式的优势，采用政事分开的运行机制，既可以充分发挥行政力量的干预与协同作用，又可以发挥图书馆联盟的信息资源建设优势，在很大程度上保障了图书馆资源建设的系统性和完整性。

4. 资源共享合作网标准体系构建

（1）健全法律法规，促进资源共享合作

一个图书馆信息量高低的评价和衡量不仅依靠其拥有的文献数量，更重要的是要看用户利用文献的满意程度。因此，构建相关法律来作为图书馆资源共建共享的行为准则和指导是十分重要和必要的，既可以为图书馆信息资源的建设提供安全维护，又可以保障各共建共享参与者的合法权益。然而，现阶段有关图书馆资源共建共享的专门法律还未制定，导致在资源共享合作的过程中由于缺乏约束力，导致一些行为不规范，不但制约了资源共建共享的开展，而且在资源共享的过程中出现了一些安全隐患，因此健全相关法律法规变得更加迫切。

在图书馆资源共享合作网建设的过程中，参与主体是十分多元的。既有图书馆和官员，还有用户和共享系统，在这种复杂的多元主体下，急需政府的介入和资金支持，协调各参与主体之间的关系，制定合理合法的协议和规则，对资源共建共享系统进行监督，提升共享系统的约束力，从而保障资源共享合作网建设的高标准和高品质。

（2）引入市场机制，促进资源共享合作

市场机制对社会资本的合理配置起着重要的调节作用，在图书馆信息资源共享合作的标准体系构建中引入市场机制，目的在于实现图书馆资源共享系统的合作和竞争力。在图书馆信息资源共享合作的过程中，如何保证其可持续的、稳定的内在动力，市场机制的引入发挥了关键作用。它可以充分发挥各图书馆参与者的主观能动性，最大限度地提升资源共建共享的效益。

图书馆要结合自身的实际条件和用户需求，实现有偿共享模式。要实现计费制度，针对一些对外开放的馆藏资源，要收取一定的费用，尤其是高校图书馆在资源信息共建共享的过程中，通过有偿共享来不断保证自身的资金融通，增强图书馆的主观能动性。同时可以引入效益评估机制，效益评估机制可以对图书馆的绩效情况进行有效的评估，通过评估结果可以真实地反馈图书馆的资源共建共享过程中存在的问题，避免图书馆资源建设过程中的重复性和盲目性。

引入市场机制可以保障在图书馆资源共享合作过程中各参与主体的权利与义务的统一，合作共担的协调，有效地避免了“搭便车”的情况。所谓的“搭便车”就是不付出任何的努力就可以享受他人的成果，这种情况往往会造成预期的目标无法实现。而市场机制的引入改变了图书馆资源共享过程中不付出只享用的现状，使每个参与主体都意识到要想进行相关信息的享用，就必须进行一定的付出，其实现了权利和义务的相互统一。同时使图书馆各参与主体充分意识到不是所有的信息资源都是完全意义上的公共物品，而是需要合作来弥补自己缺失的资源，需要付出来获取更大的效益。在市场利益机制的驱动下，可以使图书馆资源共享合作网建设得更加稳固。

（3）开发数字平台，提供共享合作保障

在资源共享合作标准体系的构建中，建立全体成员图书馆参与的网络数字共享系统十分关键，它是实现图书馆资源共享和文献数据库组建的重要基础，可以确保图书馆资源持续稳定地实现共享。首先，要建立可以承载各种文献资源的数据库，并购置相应的基础设施和设备，以促进各图书馆进行自动的连接集成；其次，要建立供应分布式统一战线平台，并对各成员图书馆的文献资源进行传送；最后，要建立以人力、信息、物力、规章、学术交流等为主的信息资源共享管理系统，以确保整个资源共享系统的协调发展。

在构建资源共享数字平台的时候要遵循标准化、规范化、协调化和最优化的原则。标准化原则和规范化原则要求在构建数字平台的时候要严格按照标准进行行业规范操作，以提高数字系统运行的稳定性和安全性。同时要建立安全防护中心，定期对系统服务进行备份和维护，以确保文献资源传递和存储的安全性。协调化原则要求在图书馆信息资源构建的时候，要保证纸质资源与电子资源的协调购置，要保证用户需求和文献种类的协调配置。最优化原则要求在图书馆资源合作共建的过程中要合理配置经费提升投入产出价值，要合理整合资源提升信息资源的共享价值。

（4）统一书目系统，扩大线上共享资源

在图书馆共享合作网建设的过程中，要整合各图书馆现有的文献资源，建立文献资源库，包括纸质和电子两种，资源内容涵盖期刊、论文、年鉴等。通过整合系统分析文献资源库在构建过程中的缺失资源，并对相应缺失的资源进行购置。这就需要在建立共享合作数据库的时候，科学合理地录入统一标准，以实现各成员图书馆对自身馆藏资源的统一、标准化录入，并在此基础上建立联合书目数据库，方便用户进行高效、全面的使用。然后，再结合不同图书馆自身功能的特点，在图书信息共享上进行分工协调，每个图书馆结合自己的特色开展有侧重点的资源信息共建工作，在避免图书馆信息资源重复建设的同时，进一步扩大线上共享资源。

（5）统一借书证系统，实现馆际图书互借

图书馆信息资源共享合作网建设的目的在于更加高效地服务用户，使用户更加便捷、高质地享受图书资源。而借阅在图书馆服务中占有十分重要的地位，也是日常频繁发生的任务，因此提高图书馆的借阅功能效率，是图书馆信息资源共享合作的重要目标之一。在图书馆信息共享合作网的建设过程中，要建立以高效率、便捷性的共享检索系统，并通过统一借书证信息管理系统，来实现用户不受时空限制地进行共享信息的获取。

由此可见，在图书馆信息资源共享合作网的建设过程中，要建立馆际互借应用标注和基于信息化的馆际互借系统，以提升信息资源共享的可操作性。

（四）探索性资源建设

探索性资源建设主要是构建以知识元为核心的资源描述与管理标准体系，通过各种数字媒介的应用构建数据管理和评估标准。图书馆学认为，知识是存在一定的逻辑关系的，知识元就是对这种逻辑关系的描述。从早期的引文关系网络到知识图谱再到网络分析方法，无不体现了对知识元的应用。在知识信息时代，知识元在图书情报学领域得到了更加广泛的应用，图书馆都在努力探索如何构建与“知识”相关的服务体系。

1. 知识元

知识元即知识结构的基本单元，它是进行知识处理与控制的基本单位。在网络信息环境下，图书馆用户可以更加方便、快捷地获取文献知识，但是获取的文献知识如何实现用户的精准定位急需进行解决，尤其是在海量的知识面前，随着图书馆数字化服务规模的增加，越来越多的学者试图从知识元的视角去探索图书馆知识的利用和管理。大量的学者围绕知识元展开了知识因子、知识基因等的研究，在很大程度上促进了知识元理论的创新，并在此基础上展开了知识组织、管理、网络等相关内容的创新。

知识元是实现知识构建的基本单元，为知识的构建提供了物质保障。知识元因其独立、单一的特点，便于知识库的构建和查询，而且用户在对知识元进行组合的时候，更有利于知识结构的创新。由此可见，构建知识元库是图书馆探索性建设的特色和关键所在。同时，通过对知识元进行链接可以实现对知识的构建，知识元的链接性是建立知识网络平台的基础，为知识的动态检索提供了枢纽作用。

2. 数字媒介环境下图书馆知识体系的构成要素

（1）图书馆的知识主体

知识主体是指可以认知、运用并创新知识的人。现阶段图书馆服务的知识主体主要有馆员、管理人员、教师和学生等，他们借助网络环境可以和图书馆保持着较高的知识交流和信息沟通。与此同时，随着数字媒介的不断深化，以创新团队、兴趣小组等为主体的知识群体正在形成，并成为新时期图书馆知识主体的重要力量。由此可见，图书馆的知识主体具有存在和潜在、虚拟和现实共生的特性。而且随着数字媒介的不断发展，移动知识主体成为图书馆知识体系构成的最主要部分，其不但实现了大众参与的形式，而且促进了服务质量的提升。

（2）图书馆的知识资源

随着知识管理、知识经济以及知识社会的不断深入，知识已经成为各活动领域的重要元素，图书馆资源领域也不例外。公共图书馆知识资源建设是围绕城市文化建设和服务展开的，因此以城市文化建设为代表的公共知识资源是公共图书馆领域的表现形式和管理服务单位，而高校图书馆领域的表现形式和管理服务单位是以专业课程知识为代表的。

随着互联网信息技术和移动通信技术的发展，图书馆用户对知识资源的利用形式和方式得到了改变，这就需要图书馆知识资源要适应新时期的技术特点，对知识资源进行重组和升级，如构建知识元库，构建学科信息资源库。同时要体现出知识资源的动态性和生命性，以实现知识资源的不断更新和生命循环，从而保障图书馆知识资源构建的质量性。除此之外，将有价值的学科知识提供给所需要的用户成为现阶段图书馆建设的关键，图书馆知识资源的建设价值不仅在于组织和积累，更在于知识的管理和服务。

（3）图书馆的知识技术

知识技术可以使知识资源发挥一定的效能，即知识的价值。在数字媒介环境下，知识技术得以有效传播、运用、保存和创新，为图书馆知识服务的开展提供了有力的保障。知识技术涵盖的范围很广，如数据管理技术、移动技术等，它是基于技术环境下的一个有机集合体。但是，由于知识技术需要依托一定的现代技术，因此其具有系统性、动态性、前瞻性的特征，需要图书馆在使用过程中不断地进行改善。

（4）图书馆的知识环境

知识环境是组建内部一系列行为准则和激励机制的重要依托，而图书馆的知识环境基于移动互联网环境下的稳定知识链。良好的图书馆知识环境可以孵化出丰富多样的知识资源，培养出更优的知识研究技术，促进知识的不断创新。因此，知识环境为图书馆特别是图书馆数字媒介的服务带来了崭新的机遇，图书馆应该进行主动的自我改变，为用户的知识需求创建条件。

3. 智慧图书馆知识构建的基本流程

（1）文本结构分析

作为记载、传播信息的最主要媒介，文本结构对于文本的物理组织结构和逻辑结构的表达具有十分重要的作用。文本的物理结构是文本的外表组织形式，通常包括标题、段落和词汇等，是一种主观认知结构。而文本的逻辑结构是文本的思想内容和逻辑关系，通常包括层次、主题等，是基于物理结构而进行的深层次分析。在进行文本结构分析的时候，首先要采用有序聚类的方式进行文本层次的分析，其次要按照层次分析结果进行主题数目的分配，最后要建立整个文本的主题词集合实现知识元的抽取。

（2）知识元标引

知识元标引是基于知识元内部结构而展开的一种标引尝试和方法，与传统的信息标引相比，其更能满足不同用户的信息资源需求。在智慧图书馆的数字信息构建中，通过文献的知识元来进行标引，可进一步发现信息与知识导航链接的普遍规律，帮助用户构建知识元与知识结构的相关关系。在进行智慧图书馆知识元标引的过程中，对知识元进行归类分析十分重要和关键，即对知识体系按照由浅到深分成若干个领域，通常情况下，知识元有描述型和过程型两大类，不同的类型其价值功能也不同，在使用的时候要结合自己的实际情况。

（3）知识元抽取

知识元抽取主要是对段落和句子是否具有描述向导信息的知识功能的检查。通常情况下，采用基于创新点的知识元抽取原则，创新点作为文本内容的灵魂，其体现了文本质量的科学性和创造性，可以有效解决文本知识的发现和利用问题。一个文献的创新点如何被揭示？仅仅依靠摘要和关键词这显然是不全面的。一个文献的摘要仅仅论述了研究的目的、方法和结论等，关键词也只是揭示了文献的信息，并不能全面地解释文献的创新点内容。一个文献的创新点内容往往具备特定的表达形式，贯穿在整篇文章中，包括题目、引言和正文等。因此，在进行创新点知识抽取的时候，我们要结合文本的六个核心要素逐条进行抽取，以确保知识元抽取的全面性和科学性。

（4）知识元库构建

智慧图书馆的知识元构建是通过文献信息资源的知识元加工处理来进行的，每一个知识元都是独立的、唯一的，而这些知识元的自动链接就可以形成一个完整的知识元库。知识元库既具有基础知识学习，又可以提供跨学科研究支持，为图书馆知识管理与服务提供了基础保障。

智慧图书馆的知识元库构建是基于文献信息的知识分类和标引两方面展开的，知识元的分类可以对知识体系进行一定的细化，奠定知识元库构建的标准。智慧图书馆的元存储和检索是通过知识元的标引实现的，通过以上两方面工作，形成独立的知识元自由集成检索系统。但是，知识元库的构建是一个不断发展创新的过程，需要结合最新的知识进行不断地补充和维护。

（5）知识仓库构建

知识元库是知识仓库构建的基础，是一种数据库产品，可以为用户提供有效的知识服务。与普通的数据仓库相比，知识仓库具有一定的特殊性，它是按照一定的规则和需求创建的知识体系，除了保障信息的有序数字化以外，同时还实现了知识的创新化。每一篇文献都可以分解成既有区别又有关联的若干知识元，将这些知识元进行知识仓库的构建，每当出现新的知识元，即原有知识库缺少该知识元时，就将新的知识元纳入知识仓库以实现不断地补充，最终形成独立于文献的知识单元集成检索系统。

4. 基于知识元的智慧图书馆服务功能实现

（1）知识导航服务

知识导航服务是基于知识管理基础上的一种向用户提供咨询与指导的服务，其最大的特色在于主动服务，通过对先进技术的运用为用户提供互动式服务和个性化推送服务，如个性化链接、定题服务、一对一服务等，可以快速解决用户的问题。

（2）知识检索服务

知识检索是用户根据需要输入检索关键词进行相关内容的搜索和匹配，有效地解决了传统检索信息量大、检索效率低的问题，大大提高了用户检索信息的质量和速度。知识检索服务是一种综合的检索方式，它集网络技术、自然语言和知识管理等方式为一体，可以充分表现用户的个性需求。通过用户需求的智能识别、挖掘和推送，可以高效、精准地从知识仓库中提取出用户所需要的知识信息并推送给相应的用户，但前提条件是必须对用户的需求和习惯进行了解。

（3）知识共享服务

智慧图书馆知识构建的最终目的就是实现知识的共享，实现知识资源的多次开发和利用。在智慧时代，图书馆知识面对的服务对象更加广泛，这需要一定的知识共享平台给予支持。在智慧图书馆的知识共享服务中，知识共享服务的模式主要有馆内和馆外两种形式，馆内的知识共享服务主要是为用户提供一定的知识共享平台，如图书馆 BBS、图书论坛等。而馆际间的知识共享服务主要是指各个图书馆在统一的领导和规划下，建立一个统一整体的共享体系。

（4）知识开发服务

基于智慧图书馆知识元的抽取和标引进行创新点的挖掘，其本身就是一种知识开发的过程。但是，这种开发过程必须经过知识组织的过程，以实现对知识的深层次加工。而智慧图书馆的知识网格平台为知识开发服务提供了众多的数据开发工具，如统计分析、可视化、多维分析和逻辑关系提升等，在很大程度上促进了适合用户的独特的知识解决方案。

5. 基于知识元的智慧图书馆知识服务思考

（1）转变服务观念和方式

智慧图书馆要想实现完全的知识服务，就要树立正确的服务观念。图书馆作为公共服务的重要组成部分，由于缺乏一定的市场观念引导，图书馆员在服务的主动性和创造性方面存在一定的问题，不利于图书馆在知识经济大环境下的发展，也不利于图书馆将服务重心转移到以用户为中心的轨道上来，这在很大程度上制约了图书馆知识服务的实现。在新的知识环境下，智慧图书馆知识服务必须树立“以用户需求为导向”的服务原则和理念。同时，为了提升知识服务用户的前瞻性，要实现超越用户需求导向的服务观念，这需要智慧图书馆在构建的时候全面了解用户的类型和阅读倾向，充分挖掘用户对知识的潜在需求，从而为用户提供更加深层次的知识服务。

由此可见，在智慧图书馆不断探索的过程中，要对传统服务观念进行转变以充分调动图书馆馆员的积极性和智慧性，从而确保知识和用户需求的高匹配性，实现图书馆服务的知识价值。因此，在智慧图书馆的构建中要从服务理念、方式和内容等方面进行全方位创新，为图书馆标准知识体系的构建创造良好的环境。

（2）深化服务体系和质量

基于知识构建的智慧图书馆知识服务体系，要求图书馆必须利用最新知识管理技术和信息技术进行图书馆服务层次的提升，要对用户的知识需求和行为规律进行深入研究，不断地实现图书馆信息和知识的优化。与此同时，要大力开展用户的知识教育，不断帮助用户提升自身的信息素养，帮助用户克服阅读中的障碍，实现用户的知识创新。要建立知识信息服务专家体系，提升智慧图书馆信息资源和知识的甄别选择能力。要深化图书馆的知识层次体系，向不同的用户提供不同级别的知识点，从而进一步强化智慧图书馆的推送服务和个性化服务。

（五）专题特色资源建设

智慧图书馆作为特色资源中心，要突出新环境下的资源利用方式，建设独具特色的标准，而专题特色资源建设可以实现对资源的深度开发和利用。专题资源作为数字图书馆建设的重要组成部分，经过多年的发展已经取得了一定的成效，并形成了以地方、学科、机构和专题等为特色的专题资源库，这对智慧图书馆的发展有着积极的促进作用。

1. 专题特色资源

专题特色资源是一种特殊的信息资源，专题特色资源涉及特色和资源两个主题，但是专题特色资源不仅是专题特色信息的集合。提出按专题来管理文献的初衷是尽可能地维持文献的原始特色，保护文献的完整性，以全面反映文献的价值意义。这里所研究的专题特色资源是依托图书馆的特色馆藏，对某一专题有利用价值的信息进行系统的深层次的组织、揭示和处理，同时为了满足用户的个性化需求，还要对这些专题信息资源按照一定的标准和规范进行数字化的处理。这是在充分利用和开发馆藏文献信息资源的基础上建立起来的，重点展示图书馆的建设特色。

专题特色资源的类型是丰富多样的，从不同的角度可以划分成不同的类型。从数据库描述方式的角度可以分为事实型、全文型和数值型，从内容特色的角度可以分为民族特色、地方特色和学科特色等。由此可见，在进行智慧图书馆专题特色资源建设的时候，要从多元、全方位的角度展开，为用户提供更加优质的特色服务。

现阶段智慧图书馆专题特色资源库建设，越来越重视图书馆资源和人员在建设馆藏特色方面的作用，并通过用户需求的获得、先进技术的使用、原始数据的保存以及员工的培训等，来构建一套比较有完整特色的馆藏知识体系。自 1997 年以来，我国图书馆就开始尝试图书馆专题特色资源库的建立，并将其作为重要的建设项目，至 1999 年后，已经建立了 300 多个具有高等教育特色、地方特色和中国特色的资源库。随着智慧环境的不断推进，国家数字图书馆工程标准规范项目的实施，为实现元数据检索和全文服务奠定了基础，具有鲜明地域特色和学科特色的特色数据资源库体系正在逐步形成。除此之外，持续融合的新信息技术为专题特色资源的建设提供了新的实现方法。

2. 专题特色资源建设的特点和价值

（1）专题特色资源建设的特点

结合专题特色资源建设的内涵以及现阶段图书馆专题特色资源建设的现状，我们可以看出，图书馆专题特色资源建设具有以下几方面的特点。一是地方文化特色。图书馆作为地区经济、城市文化建设的重要载体，在传递信息、弘扬文化方面发挥了重要的价值意义，因此，将地方文化作为专题特色数据库的建立是图书馆——尤其是公共图书馆的发展优势。二是服务功能的延伸性。图书馆专题特色资源建设是根据用户需求、时代要求不断进行改变的，需要图书馆不断实现转型和新的服务拓展，如建立公开信息整合服务平台，发展文旅相结合的特色资源库等，都在很大程度上体现了新时期图书馆服务功能的延伸。三是数字技术的人文性。专题特色资源建设更贴近用户需求，这是数字技术与人文知识的结合，可以进一步完善图书馆特色数据库的知识服务。

（2）专题特色资源建设的价值

专题特色资源建设的价值在于促进特色文化的传承与发展，推动图书馆事业的发展，加强特色资源的整合与共享以及满足社会用户的多层次需求。在新的历史时期，网络阅读已经成为一种发展趋势，积极推进专题特色资源的数字化、数据化，对于区域文化的传承具有重要的影响力。专题特色资源的建设有利于馆藏的丰富，从而推动图书馆事业的创新和发展。专题特色资源的建设有利于提高图书资源的利用效率，有利于实现资源的整合，从而推送专题特色资源的共建共享。专题特色资源的建设既提升了图书馆的基本职能，又进一步满足了用户的特色需求和社会用户的多层次需求。

3. 专题特色资源库的构建流程

（1）特色资源选题

专题特色资源库构建的首要任务就是策划有特色资源的选题，合适的选题不但可以避免专题建设资源重复的问题，而且可以提升特色数据库的质量。通常情况下，要进行充分的调研以确保选题的科学适用性，确保体现馆藏特色。在策划选题的过程中要坚持以下原则：一是要避免重复，通过细致全面的调研来避免因为重复建设造成的成本资源浪费。二是内容和形式上要体现特色。要考虑本专题数据库的建立在本区域、全国或者本行业内是否有特色权威性和不可替代性，以凸显专题自身的独特优势和长时间的领先地位。三是要考虑学术价值性和利用价值性，满足科研需要和用户需要。

在策划特色选题的过程中，通常采用三种分析方法。一是需求分析法。用户需求可以衡量数据库建设的价值，在进行专题特色资源库建设的时候必须充分考虑用户的需求，提升资源库的利用价值。二是系统分析法。通过对图书馆资源的借阅率、预约率等利用率进行全面系统的监控分析，来加强专题特色资源的集成管理。三是专家评估法。由相应专家对专题特色资源库进行定性和定量相结合的分析，以确定合理并具有特色的主题进行建设。

（2）专题特色数据库建设模式选择

在现阶段图书馆的专题特色数据库建设中通常采用三种模式。一是引进数据库。图书馆在确定自己的特色方向后，通过引进的方式建立符合自身发展的专题数据库。该种模式比较方便、快捷，在节约人力和时间成本的情况下，就可以获得比较前沿的文献资料。二是自建数据库。特色数据库的建设主要依托图书馆的内部力量，利用自己的设备独立开发数据资源，如高校的学位论文数据库建设，既有学校独特的特色，又可以将最新的研究成果呈现给用户。三是协作共建数据库。作为一项复杂系统的工程，专题特色数据库建设仅仅依靠单个图书馆的力量很难保证优质化和规模化的发展，这需要多个图书馆的协作，实现特色资源的全面整理和挖掘。

（3）专题特色数据资源收集与整理

作为专题特色数据资源建设的基础，在进行专题特色资源收集的时候要确定收集的范围（如文种范围、学科范围等）、标准（收集的数据与所建数据库选题目标一致）、时间、类型（如期刊、学位论文等）、渠道等，确保专题特色资源建设的系统全面性。由此可见，在专题特色数据资源收集的过程中，要避免靠主观臆断来进行取舍，要在统筹规划的基础上对信息资源进行正确的评价，要保障所收集资源的专业特色。

专题特色数据资源的收集主要来源于特色馆藏资源的整合和网上信息资源的收集，前者是最主要的收集来源。在进行图书馆专题特色数据库建设的时候，馆藏特色文献是优先被选择的资源，其不但关联性强，而且准确可靠。其次是充分利用网络信息资源，根据专题特色进行相关资源的收集和整合，在这个过程中需要对文献的质量进行严格的控制，以确保专题特色资源的高质量性。

（4）专题特色数据库系统框架

专题特色数据库系统框架的建立应该围绕数字资源的整个生命周期，对特色数字资源进行分布式处理，在实用性与可用性、先进性与成熟性、开放性与标准性、可扩展性与易升级性、可靠性与稳定性的原则下，对专题特色资源存储层、管理层和展示层进行构建，从而实现图书馆专题特色数据的可伸缩管理、生命周期管理、灵活管理和分布式管理。

4. 专题特色资源建设与服务的发展对策

（1）围绕特色丰富数字资源内容

在图书馆的专题建设中，基于学校情况，开展并完善学校特色数字资源建设，在科研成果、著作等资源建设中取得了显著的成果，但是在地域文化特色、学科特色等方面还亟待加强。如在高校图书馆的数字资源建设中要立足于高校的特色、重点学科，主要包括有特色办学理念的学校精神，有专业优势的学科等，必须对这些特色资源给予重视，以实现智慧图书馆资源建设的不断完善。同时，在专题特色数字资源的建设与选择中要有侧重地进行资源选择，以满足用户和学科的建设需要。一方面图书馆要调研用户的需求，对图书馆馆藏进行不同层次、不同深度和不同方式的整理和加工，使学科资源更加全面、真实；另一方面要利用熟悉网络资源获取的优势，对信息资源进行收集、组织和整理，建设更加全面、高质量、专业的学科数字资源。同时，要开展知识管理与知识服务，为用户提供科学资源导航。

要加强地域文化特色数字资源的建设，充分利用地域文化特色、自然资源特色和经济特色，进行社会服务和科学研究，也是图书馆特色数字资源建设过程中应该坚持的特色选题。

（2）制定特色数字资源统一标准

在专题特色数字资源建设的过程中，资源类型多样、数字资源形式各异、学科范围较广，针对这种情况，在制定特色数字资源统一标准的时候，既要考虑不同资源的针对性，又要考虑资源的兼容性，以提升标准规范体系的适用性和科学性。要全面评价特色数字资源的权威性、科学性和特色性，从数据源、建设规划和维护更新进行全面评价，以制定全面特色数字资源统一标准。建立统一特色数字资源的标准，提升数字资源的品质，实现图书馆特色资源的有效整合。

（3）成立特色数字资源管理部门

成立专门的管理部门是为了保证图书馆特色数字资源的建设质量，确保专题特色资源系统运行的正常开展。该部门的职能主要应该包括以下几个方面。一是资源整合服务。对各类数字化资源进行全面系统的整合。二是借还服务。主要为用户提供文献资源的借还咨询服务。三是动态更新。将最前沿的专题特色资源进行整理发布，以保证信息资源共享共用的前瞻性。四是学科建设。对重点建设学科提供相关材料和学科咨询服务。五是更新、维护资源。提供定期的维护和技术支持以保证专题特色资源的正常使用。

（4）与社会互动共同开发专题资源

专题特色资源的建设一定要区别特色馆藏的建设，虽然专题特色资源与特色馆藏有着必然的联系，但是其具有自己独特的建设思维框架。随着智慧图书馆服务体系的不断完善，其面对的用户由单一转向规模化发展。在这种情形下，如何打造一个可持续发展的专题资源集合，需要图书馆与社会开展良性的互补与合作，如图书馆与企业合作，通过为企业提供行业信息和行业领域新技术换取企业的资金支持，既实现了双方的合作共赢，又解决了图书馆智慧化发展过程中的经费问题。

（5）创新方法推送图书馆专题资源

在智慧图书馆专题特色资源建设中，应该摒弃传统的被动信息服务模式，主动吸引用户。要不断创新专题特色资源的推送方法，为用户提供垂直个性化、信息智能化知识服务。首先，要营造特色专题图书的“第三空间”。在图书馆的智慧化构建中，阅读氛围和环境的构建是十分重要的，因此为用户营造继家庭环境、工作场所之外的“第三空间”是十分重要和必要的。要结合图书馆的专题特色资源的形式、内容，进行室内装饰、书架等特色环境的构建。其次，要定期开展公益性专题特色资源服务展览。针对图书馆有关服饰的专题特色资源，可以开展服饰展览专题会，通过图片、视频、图书等展览，提升用户的特色服务体验。最后，要充分利用全媒体环境下的技术资源，开展图书馆专题特色资源服务走出去的模式，在社区、企业等用户比较集中的地方进行专题特色的宣传，做到图书馆专题特色的全方位普及。

第二章　智慧图书馆建设的原则与内容

一、建设原则

（一）标准化和规范化原则

在智慧图书馆的建设中，网络技术是必不可少的基础，而要建设智慧图书馆联盟，实现智慧图书馆的规模化发展必须要指定一套统一并且规范的行业标准，这样才能促进各图书馆之间的协同合作，同时也对数字资源的开发和构建起着十分关键的作用。但是，在智慧图书馆的实际运行中，标准化和规范化并未得到全面有效地落实，由于各图书馆的构建平台和管理系统存在差异，导致资源不能有效地对接。具体表现在以下两个方面。

一是数据方面的问题。数据标准是实现图书馆智慧数据大融合的前提，智慧图书馆的各种服务是建立在海量的信息数据基础之上的，在数据传递的过程中通过不同的传感器进行信息互传互换，满足用户的不同信息资源需求。但是，用户的需求是不断变化的，这就需要数据标准开发也要进行动态调整，以提升数据的适用性和价值性。但是，一些图书馆在智慧化的构建中，往往忽略了用户的使用需求，缺乏对数据标准的执行合规性的检验，导致数据的价值性降低，因此建立标准、规范的运行机制，促进信息书籍共享的标准化和规范化就显得尤为重要。

二是技术方面的问题。规范标准的技术是智慧图书馆规模化发展的重要保障，智慧图书馆的建立主要依托新技术建立，而技术一直是处于一个不断更新的过程，智慧图书馆建设与技术标准建设很容易出现脱节，在很大程度上制约了智慧图书馆的发展速度。

由此可见，在智慧图书馆的构建中，图书馆之间界限的打破，图书馆之间合作的加强都需要统一的标准，图书馆的专业行业标准，可以参考国际上图书馆建设的标准，也可以参照我国图书馆建设政策指示。比如，要制定数据结构规范、数据分类规范；要制定保存规范、数据编制规范、数据过程规范；要制定身份认证、资源服务、行为数据规范；要健全信息公开制度，将管理制度公开与共享纳入考核等。

（二）开放性和集成性原则

开放性和集成性是智慧图书馆深入发展的重要标志，在智慧图书馆模式下，不仅图书馆馆员有信息的创造和发布权力，用户也可以参与到图书馆的管理中来，对图书资源信息进行创造和传播，这将大大提高图书资源的传播效率和信息的流通效率。智慧图书馆也要为用户提供在线分享、导航、预约、终端互动等服务，如微信公众号、微博等，加强馆员和用户的互动，从而充分发挥用户的管理作用，实现馆员和用户在智慧图书馆发展中的共建。

物联网技术、云计算技术等是智慧图书馆建设的基础，不仅实现了跨部门之间的信息共享，而且实现了管理群体的共享，从而实现了知识的无障碍传播。各部门之间的数据互联，各系统之间的互通，实现了数据的集成化管理，既有利于数据与信息的汇总，又有利于系统的快捷接入，实现了数据由点到线，由线到面的集成，实现了区域之间的交流和智能运营。

（三）共建性和共享性原则

在信息网络带来的智慧环境下，数字文献资源数量激增，用户的阅读需求也变得更加专业化、集成化和个性化，任何一个图书馆在智慧化的建设中想要依靠单一的图书资源进行智慧化体系的构建都是不切实际的，因为它不可能做到“大而全”地收藏所有文献资源，因此，就无法满足用户的多元需求。在这种情形下，图书馆之间应该通过共享信息资源、人力资源和物质资源来建立联系。将这些资源集合在一起，可以丰富图书馆的文献资源和服务资源，以为用户提供质量更高、效率更快的服务。由此可见，一个图书馆要实现自身的智慧化发展，就必须加强与其他图书馆的合作，不断丰富自己的馆藏资源。

在图书馆的智慧化发展过程中共建共享成为图书馆馆藏建设的重要方向，而如何实现图书馆之间的共建共享，现代信息技术为其提供了便利的技术条件，促使共建共享成为可能。在智慧化模式下，每一个图书馆都应该摆脱自给自足的状态，要时刻保持将自己的馆藏资源提供给其他图书馆使用的心态，并通过与其他图书馆之间进行合作来共建共享文献信息资源，并努力打造本图书馆的特色，更好地满足广大用户的整体需求。

要坚持资源共享，传统图书馆向智慧图书馆的发展是技术向内容的转变，现代智慧图书馆强调以知识为导向、技术为驱动、资源为基础，以此保障图书馆提供服务的个性化和便捷性。在这种情形下，图书馆的信息不再是孤立存在的个体，而是一个相互联系、互相作用的有机整体。图书馆在智慧化构建的过程中坚持数据公开和信息共享，促进资源信息的互动和交流，打破信息之间的壁垒，促进馆际之间的联结。

要打造智慧共同体，智慧图书馆不是孤立的个体，在智慧图书馆的构建中要考虑智慧图书馆在整个智慧体系中的布局定位，在此基础上，建设自己特色的馆藏资源。在特色资源建设的过程中要有典型的服务政策，以实现图书馆资源的高度利用；要提升资源的建设质量，以吸引更多用户的参与。

（四）智慧性和泛在性原则

智慧性和泛在性是智慧图书馆建设的特色所在，在图书馆的智慧化构建中，遵守智慧性和泛在性是十分重要和必要的，具体体现在以下三个方面。一是服务时间与空间方面的泛在化，实现不间断和不受空间的限制，用户既可以享受图书馆区域带来的网络便捷服务，也可以在任何时间、任何地点借助移动终端设备进行阅读。二是服务对象和模式方面的泛在化，智慧图书馆的服务形式随着技术的不断更新而发生一定的变化，服务对象不再局限于某个用户，而是面向全体用户，服务模式也更加智能化和个性化，在很大程度上实现了用户公平获取所需要的资源与服务。三是服务内容和手段的泛在化，在无处不在的智慧环境中，资源共享和协作成为必然趋势，开放的资源库体现了智慧性与泛在性的原则。

二、建设内容

（一）图书智能分拣、盘点系统建设

1. 智能分拣、盘点技术

分拣、盘点作业是货物配送中的一项主要工作，图书馆的分拣、盘点工作，是要结合用户的图书订单需求，快速准确地把图书从储位拣取出来，并按照一定的方式对其进行分类和集中的一系列作业过程。在图书馆的智能分拣、盘点中主要依据图书的标签信息，对图书进行快速、精准的分类管理。

2. 智能分拣、盘点系统建设的价值意义

图书智能分拣、盘点是图书流通的必要环节，也是图书馆智慧化建设的重要组成部分，在图书馆的工作中占据十分重要的位置。伴随着社会主义文化事业的推进以及全民阅读需求的增加，图书流量日益增大，这使得图书馆的分拣、盘点工作面临着空前的压力，推行智能分拣、盘点系统变得更加迫切。与此同时，现代信息技术的高速发展为智能分拣、盘点提供了技术支撑，使其推广成为可能。因此，智能分拣、盘点系统的构建有三个方面的价值。一是技术价值。基于无线射频识别技术的分拣、盘点作业不受时间、人力等的限制，可以实现连续的、规模化的自动分拣，大大节省了人力和物力。而且无线射频识别技术具有精准识别的功能，在很大程度上提升了分拣、盘点的准确性和成功性。二是模式价值。智能分拣、盘点系统的最大优势在于减少人员的使用和劳动强度，整个分拣系统由自动化控制系统管理运行，大大提高了图书馆的工作效率，优化了图书馆的工作流程。三是人文价值。图书智能分拣、盘点系统实现了图书归还与分拣系统的有效结合，在图书流通的过程中不但可以实现自动分拣，而且还可以自动进行紫外消毒，在很大程度上体现了科技的人文关怀。

3. 智能分拣、盘点系统的构建

图书馆智能分拣、盘点系统是一套完整的智能图书管理系统，其系统构建主要包括基于无线射频识别技术等技术的智能分拣系统、自助借还系统和图书整架系统。

（1）智能分拣系统

智能分拣系统的功能是将各种各类的图书分拣对象进行区分，以提升图书的管理效率。图书馆智能分拣系统的核心在于自动化、智能化管理，它不但关系到分拣的误差率，而且可以减轻员工的劳动强度。分拣设备的选择对其自动化、智能化水平产生较大的影响，因此图书馆在进行分拣设备选择的时候要考虑成本性、效率性和稳定性。

智能分拣系统通过在分拣设备上不同的滚道及分拣口安装解读器并与 PLC 控制单元进行连接实现智能分拣。在智能分拣系统中通过射频读写器将图书上所转载的电子标签信息读出，对图书运行状态进行跟踪，对分拣地址进行选择和分配，并通过分拣装置下的定位器进行精准定位并运行到分拣口，至此，图书完成分拣。

（2）自助借还系统

自助借还系统是智能分拣识别系统的一个亮点，在减轻柜台借还系统压力的同时，实现全天候借还服务。自助借还的过程是通过无线射频识别技术来实现的，提供给用户自助借阅的功能，同时为用户提供随时还书服务。自助还书服务是与分拣装置相连接的，当大批量的图书被归还的时候，图书会经过智能分拣系统进行高速分拣。

（3）图书整架系统

图书整架系统实现了图书的智能盘点，主要包括以下几个方面的建设。一是架位信息采集模块，主要对已经进行编目的新图书进行定位，通过读写器自动完成。在该模块的构建中需要将已经完成编目的图书送到应放的架位前，并利用读写器获取相应的储存位置信息。二是图书查找模块，主要是对图书进行扫描。先通过软件方式对图书进行查找，获取图书的位置信息并找到相应的图书，如果图书未被找到，那说明图书位置被错误放置，找到相应图书后进行图书信息扫描，添加图书信息。三是架位整理模块，主要是对架位图书采集并且获得位置信息的图书进行整理，并对放错位置的图书进行整理。在进行架位整理模块设置的时候，可以根据书籍状态信息进行相应的操作，并设置正常状态、状态错误、位置错误和状态位置同时错误的四种书籍状态信息。同时将不同的状态信息定义为不同的颜色，提升状态信息的醒目性。与此同时，该模块还要设置简单的修改功能，当出现系统状态错误提示的时候，错位信息会进行反馈并通过相关管理人员进行正确状态信息的修改。四是统计盘点系统，采用无线射频识别技术对图书进行扫描，可以实现图书的快速盘点。在统计盘点系统的构建中，要先进行盘点类型的选择，在图书馆的统计盘点中通常会采用架位和层位的盘点，在此基础上通过扫描获取所需的盘点位置信息。比如，当要盘点某层图书的时候，要将层位设置成盘点的位置，并通过读写器获得层位标签中所储存的层位的位置信息，然后再对整层图书进行依次扫描。每整理完一个层位的图书，相应的盘点系统界面就会出现层位上现有的图书数量、应有的图书数量等相关数据。并按照以上步骤，依次对其他层位或者架位进行盘点操作。五是架位管理操作系统，该系统主要是对图书位置信息进行管理，主要涉及架位交换、修改、删除以及相关数据的上传和下载等基本操作。当需要两架位图书进行交换的时候，架位交换功能快速便捷地发挥功效。当出现架位采集模块出现错误采集图书位置信息的时候，架位删除功能发挥功效。数据上传可以将独立的架位图书信息上传到服务器数据库中进行合并，而数据下载则方便相关数据需求者的使用，避免重复工作。六是图书装车和上架系统，图书装车和上架系统是连续操作的，装车系统主要是对用户归还的图书进行扫描，通过不同射频的读写器进行扫描完成，并把图书的位置映射到书架上。图书上架是指整架车侧面的读写器在进行图书运送的过程中可以读出书架上的架位信息，通过信息的读取来确定图书是否上架，以及确定整架车上是否有此架上的图书。由此可见，图书上架的本质是将图书的位置映射到层上。以上六个子系统构成了完整的图书整架系统。

（二）智能管理和安全系统建设

1. 智能管理

早在 20 世纪，以用户需求为核心的管理理念就已经应用于传统的图书馆管理模式中，但是由于当时受到技术和经济水平的限制，并未得到深入落实，而是局限于馆员的主观臆断——认为用户需要什么并相应地对图书馆的服务质量进行改善，并未对所用的用户行为数据进行调查，因此不利于服务质量的全面提高。

随着信息时代的发展，由于传统的图书馆系统无法使用元数据将所有的资源特征进行精准的表述，随着数字化资源管理的不断增加，实行统一管理成为图书馆管理中的一个亟待解决的问题。图书馆设备管理需要人力来完成，智能化管理程度较低，就不能较为开放地与馆外的其他管理系统进行连接，这就需要在图书馆的智慧化建设中考虑不同类型资源的综合管理。除了资源管理缺陷外，传统图书馆的管理系统在接口规范和标准上也不够统一，不同公司的图书馆管理系统有着不同的接口规范和标准，由于接口规范和标准的不统一，在进行资源共享共建的时候会出现不兼容的问题，这也是智慧图书馆建设过程中需要突破的问题。

智慧图书馆在管理层面表现为人、数据流和物的多向交互，在多向交互的过程中，智慧图书馆可以对交互的过程进行动态评估，并根据评估结果及时做出修正方案，这就是智慧图书馆智能管理的过程。与传统图书馆管理相比，智能管理的重点在于将互动反馈信息进行集中评估，包括用户的行为信息、馆员的服务信息以及其他相关机构的业务信息，通过对这些信息进行集中处理来形成具有通用性的图书馆学研究理论基础。智能化管理在很大程度上优化了图书馆的本职工作，完善了用户获取相关信息的质量，为图书馆管理层决策的实施提供了信息支撑，在很大程度上改善了传统图书馆管理孤立、被动的决策局面。

总体来看，智慧图书馆的智能管理实现了多种资源的全方位和立体化管理，让用户享受到了图书馆资源的“一站式”服务。在智能管理系统中用户可以享受人性化的服务，主动提出自己的意见，而全方位和立体化的智能管理可以提高图书馆的服务效率和质量，同时可以通过用户行为数据的收集来精准定位用户的喜好，以提供有针对性的服务。

2. 智能管理平台的建设

智慧图书馆实行智能管理的目的在于实现图书馆智慧化的管理与决策，智能管理的实现需要依托智能管理平台的建设，以降低图书馆工作人员的劳动强度，为用户提供更加高效、便捷的服务。一个完善的智能管理平台应该包括基础层（网络基础、操作系统、服务器等）、感知层（无线射频识别技术、智能书架、实时定位等）、应用层（管理系统、预约系统、社交平台等）和服务层（门户网站、APP、浏览器等），并对以下五部分内容进行建设。

（1）感知系统建设

感知系统是智慧图书馆智能管理的基础，它的作用在于信息的采集、处理和存储，并为其他应用系统提供数据支撑。在该系统的建设中要运用传感器技术、人脸识别技术、智能安防系统和环境检测系统。

（2）管理系统建设

管理系统是智慧图书馆智能管理的核心，主要包括射频识别系统、实时定位系统、二维码、智能书架、智能机器人和馆内导航等多个子系统。射频识别系统可以自动获取指定物质的相关信息，实时定位系统可以对馆内图书、用户等进行精准定位，智能书架可以实现在架图书的实时查询、定位和盘点，这些都是智能管理实施的重要保障。

（3）服务体系建设

图书馆的管理理念是通过图书馆的服务体系来实现的，智慧服务系统作为图书馆管理平台的主要功能，以人为本的管理理念是通过以下子系统的构建来完成的。一是通过与图书馆自动化系统数据连接实现图书的自助借还管理，提高了图书馆管理人员的工作效率。二是依托互联网环境，为用户搜索所需要的文献资源，并推送到相关用户的手中，从而实现图书推送的信息化管理。三是通过座位预约系统解决图书馆对馆内座位资源的管理，便于图书馆管理员掌握座位的实时使用情况，从而实现座位资源的价值服务最大化。四是通过对智能平台相关数据进行统计和分析，总结用户的行为习惯，并从管理策略的角度，考虑用户的行为习惯形成的原因，及时发现管理过程中存在的问题并进行改正，从而构建出更加全面、有效的管理策略。

（4）资源系统建设

资源系统建设是图书馆开展各项工作的重要支撑，主要包括对资源发布管理系统、特色资源系统、电子阅报系统、公共查询目录系统和读者荐购系统的建设。

资源发布管理系统主要是对图书馆自建数字资源平台和已购平台进行管理，用户只用在 IP 地址范围内才可以对该资源模块进行访问。该管理系统主要是对用户权限进行设定，对资源的利用情况进行统计和分析。特色资源系统主要是对图书馆特色文献资源进行分类管理，以反映出当地的人文历史。公共查询记录可以对已借和可借图书数量等进行管理。读者荐购系统可以对用户图书推荐进行管理。

（5）社交系统建设

社交系统是智慧图书馆智能管理实现的重要保障之一，其功能价值在于对用户的学习心得、互动交流等进行管理，其主要包括微信系统、社交平台和信息共享空间。微信主要对用户的图书预约、续借、文献资源获取等进行管理。信息共享空间的本质是研讨指导室，由专门的管理员进行用户的使用资格管理。信息共享空间是一种“一站式”个性化信息服务模式，该空间环境以电子教室、小组讨论室等多媒体场所为基础，为用户提供更加便利和优质的服务管理。

3. 安全系统

安全系统是一种使用识别、处理、存储以及数据选择操作的技术，其构建需要依托传感器、定位器等安全产品技术，对潜在的危险信号进行预警和记录，为图书馆的日常安全提供保障。图书馆作为重要的公共场所，具有流动性大、人员密集的特点，因此，在图书馆的智慧化构建中，建立完善的安全系统是十分重要且必要的。

安全系统的功能主要有智能定位和侦测防护的功能。在图书馆的智慧化构建中通过运用红外线感应技术、无线射频识别技术等，可以帮助用户准确了解所需文献资料的具体位置，实现对图书馆馆藏文献信息资源的智能定位。同时，无线射频识别技术的应用实现了图书馆对馆藏文献的个性化导读，用户可以通过手持移动设备去接收相关信号，实现了智慧图书馆的侦测功能。

4. 安全系统的构建

一个图书馆完善的安全系统应该具备门禁自动化、自动火灾预警与处置、自动突发事件预警以及应急疏散自动化四个方面的功能。

门禁自动化对图书馆内的治安有很大作用，在图书馆入口要设置自动门禁，可以采取与公安系统进行联网的人脸识别功能，确保用户身份的合法性。

自动火灾预警与处置可以为图书馆内的藏书和用户提供有效的帮助，图书馆作为重点防火单位，要时刻关注火灾预警，以有效预防火灾的安全问题。

自动突发事件预警可以对一些突发事件进行有效的预防，在图书馆的安全构建中要设置 24 小时不间断的监控系统，同时要配备自动识别技术和自动数据影像处理技术，及时应对图书馆出现的异常情况。

应急疏散自动化可以为用户提供最佳的逃生路线，尤其是当面临地震、火灾等不可预料的突发情况时，应急疏散通过广播、灯光引导等形式为用户提供逃生指引。

（三）馆内自助系统构建

1. 自助图书馆

自助图书馆是可以结合用户兴趣、行为习惯而设置的一种自主服务模式，在自助服务体系的构建中，计算机技术和现代通信技术的应用十分重要和关键。自助图书馆要满足用户 24 小时的阅读和交流需求，用户可以根据自己的阅读需求，通过图书馆提供的自助系统进行图书的借还、预约、咨询等服务，如图书馆 ATM、24 小时自助图书馆等。

现阶段，许多图书馆已经开展了不同类型的自助服务项目，如用户通过互联网访问图书馆网站，进行相关信息的查询、预约、阅读和使用网络自助服务。利用手机进行咨询、续借的电话自助服务，还有利用图书馆内的自助服务设施完成图书的自助借还、信息检索以及复制扫描等的馆内自助服务。以上三种自助服务是现阶段图书馆智慧化发展中呈现的主要模式，而本节内容重点论述馆内自助系统的构建，作为智慧图书馆建设的主体部分，馆内自助系统的构建对于智慧图书馆的可持续发展是十分重要且必要的。

馆内自助图书馆构建可以从基本功能（如借还、办证、查询等）和增值服务功能（如续借、预约、自助借阅、电子资源下载等）两个方面进行设计。具体来说，馆内自助图书馆构建的结构如下。一是图书展示柜。自助图书展示柜与传统的书柜不同，其可以在自助系统的支持下，进行定时全方位地旋转，帮助用户多角度地了解图书内容。二是自助服务终端。通过在图书馆内引入 ATM 自助服务理念，帮助用户通过图书馆内服务终端实时办理借书证功能。三是图书馆查询终端。用户可以对图书馆的相关信息、书目信息进行自主查询。四是图书归还回收箱。对归还的图书进行自动归类存储，方便高效。五是布告栏。通过广告的形式向用户传递图书馆的藏书种类、书目等信息。

图书馆馆内自主系统的构建通常需要独立的自助空间，往往设置在离图书馆比较近的地方，除了配备书架、图书、座椅等传统的基本设施外，还要配备自助借还设备，以实现全天无间断服务。如东莞的自助图书馆，它具备了传统图书馆所不可比拟的优势。一是服务便捷性。高效、无间断的自助服务为用户提供了便利。二是技术先进性。自助图书馆依托网络通信、计算机等先进技术具有较高的智能化和人性化。三是平台的开放性。自助图书馆不受时间的限制，为用户提供了无障碍的阅读环境，实现了从物理空间到服务流程的开放。四是功能实用性。自助图书馆集传统图书馆基本功能和创新功能为一体，智能化程度更高，实用性更强。五是社会效益性。自助图书馆为全民阅读服务的开展提供了便利，有助于中国特色社会主义文化事业的形成。

2. 自助图书馆构建的价值

（1）图书馆现代化发展的要求

自助图书馆的出现是信息时代不断发展的产物，是社会进步的重要表现。同时，自助图书馆的发展也赋予了现代图书馆新的内涵。现代图书馆不但是提供阅读和借还服务的场所，更是一个为用户提供全方位知识的智能化系统，是我国图书馆现代化发展的必然趋势。无线射频识别技术、定位技术的应用促进了图书馆服务模式的升级和功能的创新，在很大程度上延长了图书馆的服务时间，有利于用户结合自身的实际情况，合理安排自身的时间，使阅读变得更加便捷、高效。

（2）图书馆服务能力提升的举措

阅读是一项全民红利活动，图书馆自助系统的建设可以有效落实这项全民红利。随着社会主义文化建设的不断深入，社会阅读已经成为人们生活中重要的一部分，但是由于我国的教育资源分配不均匀，不同地区的图书馆提供的信息资源能力存在一定的差异，这在很大程度上制约了全民阅读活动的开展，制约了社会主义文化事业的发展。而自助图书馆的建设实现了图书馆服务内容的延伸，在丰富图书教育资源的同时进一步营造了浓郁的文化氛围，在很大程度上提高了图书馆的服务能力水平。

（3）建设公共文化服务体系的要求

图书馆作为公共文化服务体系中的重要组成部分，其公共文化服务职能日益凸显，而自助图书馆的产生进一步延伸和拓展了图书馆的公共服务职能。图书馆自动化和智能化水平的提升，使公共文化服务体系更加完善。

3. 馆内自助服务的开展

我国港、澳、台地区图书馆自助服务的开展是比较成熟和有代表性的，香港各高校图书馆在馆内每个服务区都设置了供用户自助使用的服务区域，如无线网络系统、自行操作检索终端、藏书位置图等，方便用户进行自主选择。澳门的高校图书馆则采用无线射频识别技术图书管理系统，可以为图书馆管理提供图书数据保护、协助辨识、跟踪服务等一体化帮助。台湾图书馆则引入自主借书机器，让图书的流通更加顺畅。

内地图书馆自主服务的开展主要实现了自主借还书系统和自主文印服务，在馆内自主系统的构建中依托图书馆现有的网络技术，引入自助式无人化管理模式，通过用户身份的认证和电子档案的建立，对图书馆提供的服务进行精准控制。如浙江大学图书馆的自主打印、复印服务和数字参考咨询服务，都为图书馆自主系统的构建提供了思路。

4. 馆内自助系统的构建

（1）基本功能构建

一个完善的图书馆自助服务系统应该包括客户端和服务端。其中，客户端自助系统主要包括注册用户、登录系统、图书检索、图书添加和图书删除五个方面。服务端自助系统应该包括管理图书信息和管理用户信息两个方面。其中，管理图书信息主要包含图书信息的增加、删除、修改和搜索功能。客户端的注册用户可以方便用户登录自助服务系统，图书添加可以帮助用户进行图书内容的添加，图书检索可以帮助用户在自助服务系统中搜索用户自己的图书详细信息，图书删除可以帮助用户自动操作图书的清空。服务端的管理用户信息主要是对用户信息的添加和修改，管理图书信息中的增加图书信息、删除图书信息、修改图书信息和搜索图书信息。

（2）数据库构建

图书馆自助服务系统性能的高低直接受数据库质量的影响，因此在构建图书馆自助系统的时候，数据库的设计十分关键。构建数据的时候首先要构建数据库的概念模型，其次是构建数据库的逻辑模型，最后是对详细的数据信息进行陈列。

图书馆自助服务系统数据库概念模型的构建可以将图书馆的实体信息转换成计算机可识别的信息，要从数据的角度出发，通过调研和核心数据的挖掘，实现数据的归类、存储和传输。

图书馆自助服务系统数据逻辑模型的构建是通过图的形式来表示数据的关系，以呈现数据之间的逻辑结构，如 MySQL 逻辑模型数据库，可以对数据库内容进行深层次的优化。

（3）工作流程构建

图书馆自助服务系统的构建需要明确系统的使用方式和各功能模块之间的联系，也就是我们常说的工作流程。而一个图书馆自助服务系统的工作流程应该包括以下几部分。

一是用户注册。用户通过输入自己的注册信息，接受图书馆自助服务系统的审核后，才可以存储到自助服务系统的数据库中。

二是用户登录。用户登录是用户享用自助服务系统的必要条件，只有用户在成功登录的情况下，才可以进行自助服务的享用。

三是图书搜索。用户可以在自助系统的主界面通过关键词输入进行相关文献的搜索。

（4）自助系统的构建策略

首先，要优化自助图书馆建设的馆点布局。在进行选址的时候考虑服务质量的同时，要充分考虑服务成本，以实现自助服务的最大价值化。要充分认识选址方案的渐进性和长期性，自助系统的构建是一个长期动态发展的复杂工程，需要进行长时间的考察和不断修正，以建设较为完善的自助图书馆网络系统，如馆内的监控管理、服务机等需要完善的网络系统进行保障，在充分发挥自助服务图书馆便利、高效优势的同时，要辩证地认识自助图书馆与传统图书馆之间的互补关系。

其次，要提升自助图书馆系统的用户体验。自助图书馆系统在构建的过程中要充分渗透以人为本的价值理念，努力为用户打造一个开放、舒适、创新的阅读环境。美国的某自助图书馆系统不但面向普通大众设置了自助化的服务，还为那些有阅读需求的特殊群体开设了自助化的服务，在自助系统的构建中设计了盲文，方便盲人使用，使每个用户都可以享受到完美的阅读体验。北京市朝阳区则打造了“最后一公里”，为用户提供便捷、高效、人性化的图书馆项目。

最后，要扩展自助图书馆系统的服务功能。图书馆自助系统构建的过程应该是一个功能不断完善的过程，在借还、查询等基础功能上要增加设置办证、预约借书、推送图书信息等功能，为用户提供更多的便利。要增强自助图书馆的实用性，通过自助技术的研发和升级，进一步提高服务设备的智能性和易操作性，如用户身份验证、电子期刊阅览、资源检索等。

（四）移动服务建设

随着移动互联网时代的发展，以智能手机、ipad 等为代表的移动终端设备成为人们生活中不可或缺的部分，在智慧图书馆的建设中，移动服务成为图书馆价值提升的最大驱动力。因此，依托移动互联网技术成为智慧图书馆建设的必然。

1. 移动互联网技术下图书馆发展的新形态

图书馆的发展与科技的创新是密不可分的，以互联网信息技术为基础，智能化、移动化的智慧图书馆模式已经初步形成，并成为现代图书馆发展的新形态。具体表现在以下三个方面。一是融合的信息资源环境。传播媒介的发展带动了人类的进步，移动互联网实现了信息资源的整合。在移动互联网时代，信息资源呈现海量化、多元化的态势，改变了人与信息之间的关系，使信息变得更加开放、透明。但是，在海量信息的背后，如何保证信息的质量，需要对信息资源进行筛选和重建，为智慧图书馆的建设奠定良好的基础。二是移动的信息用户行为。信息用户是指通过人体感官的利用过程，同时兼顾信息的使用者与信息的创造者双重身份。尤其是在移动互联网时代，用户不但具有信息需求，而且具备信息创造的能力，对于图书馆而言，其服务对象变得更加规模化和复杂化。而且在移动互联网时代，用户更倾向于随时随地地获取图书信息，这使得用户的需求呈现明显的移动化特征，也是智慧图书馆建设发展的重点方向。三是智慧的移动终端。移动终端的多样化发展趋势，使图书馆服务更加灵活、便捷，为智慧图书馆的出现提供了可能。

2. 基于移动终端的智慧图书馆服务功能设计

以用户体验为标准，将计算机技术、现代通信技术、智能终端技术进行有机地整合，推动图书馆移动服务的创新和深度发展，从而实现智慧图书馆的个性化、多样化和移动化发展。主要体现在以下几个方面。一是用户运用移动设备 APP 对接智慧图书馆的基础服务。二是资源高度集成实现全文阅读。为了满足移动用户的需要，图书馆应该广泛合作，获取更多共建共享的数据资源，让用户通过移动设备 APP，就可以将文献资源下载到手机阅读。三是建立特色资源库提供主题服务。借助移动互联网为用户提供便于搜索、浏览和阅读的终端服务，为用户提供精细的文化服务。四是拓展移动学科情报服务。利用关联数据和云技术，为用户提供更到位的服务。五是嵌入信息素养教育。用直观的视觉和听觉体验唤起用户的学习兴趣，如通过移动智能设备进行在线的课程学习。

3. 智慧图书馆移动服务建设需要注意的问题

（1）自主开发与合作开发相结合

数字图书馆在智慧图书馆的建设中是十分普遍的，但是不同的数字图书馆之间存在一定的信息资源壁垒，资源共享和黏合度并不是很高，因此，依托移动互联网技术建立一个广泛参与的分布式平台是十分重要且必要的。这需要移动服务在建设的过程中采用自主与合作相结合的方式，以实现图书馆服务价值的最大化。

比如，可以进行移动 APP 软件的开发，并在软件中设置不同的功能模块，并结合移动数据反馈的用户阅读行为习惯为用户推送个性化、特色化的文献导航服务。

（2）系统升级与完善移动服务相结合

一直以来，图书馆都十分重视移动服务，但在实际的移动服务中，与移动服务相关的软件并未充分实现其移动服务价值，这需要图书馆加强对移动系统的升级。在图书馆智慧化的建设中，可以建立专业的移动阅读平台，使用户通过手机、平板等移动设备就可以实现对图书的借阅、咨询和浏览。而完善移动服务，需要应用元数据进行“一站式”检索，实现对文献资源的有机整合。要提供适合手机等移动设备的信息资源，供用户阅读需要。要借助云服务实现资源共享，实现文献传递服务。

（3）落实服务理念，提升服务能力

图书馆的智慧化建设需要从智慧的角度去审视和定位图书馆的服务功能，以实现图书馆的创新和深入发展。依托互联网技术要开展动态关联和跟踪服务，把读者至上的理念融入到智慧图书馆的建设中去。同时，图书馆服务人员要不断提升自己的服务能力，以应对日新月异的移动新技术。

（4）打造更贴合用户使用习惯的线上智慧服务

一个人的思维、行为是受习惯影响的，很多用户习惯通过移动网络获取信息。因此，在智慧图书馆的建设中引入习惯性理念是十分重要和必要的。在日常生活中，移动手机和平板已经成为人们习惯的交流和阅读方式，为了最大限度地匹配用户的习惯，需要引入移动大数据，精准掌握用户的习惯，并根据用户的习惯数据进行相关内容的调整。

（五）智慧空间重塑

1. 智慧空间

在现代信息技术背景的影响下，图书馆空间发展经历了学习空间、信息共享空间、创客空间和智慧空间的形态。智慧空间是智慧图书馆建设并深入发展的重要途径，随着物联网、人工智能技术的深入发展，智慧空间呈现出良好的发展态势。有关智慧空间概念的界定，国内外学者还未形成统一的界定，目前主要有以下四种角度的说法。一是从感知的角度。智慧空间是一个配备感知设备的空间，通过智慧思维的应用将空间的感知性作为智慧的标准。二是从交互的角度。通过人与设备的交互来获取服务的空间。三是从自创新的角度。图书馆智慧空间是一个拥有自创新能力的知识体系，可以实现内容的自我革新和用户心灵的净化。四是从融合的角度。智慧空间兼顾工具性和价值性，是人本思想和技术导向的融合。

综上所述，智慧空间是以用户体验为中心，通过感知、资源和技术等的有机融合，为用户提供一个虚拟空间、物理空间、支持空间、感知空间等相结合的多维度系统。

2. 智慧空间建设的内涵解析

（1）核心：用户体验

用户体验是智慧空间建设的核心，在图书馆的智慧化建设中人文服务是立身之本，用户作为人文服务的主要对象，根据用户的需求进行智慧空间建设是十分重要和必要的。一方面要利用智慧空间的互动性提升用户的良好体验。智慧空间的互动性可以使感知、分析、服务用户更加高质、强效和精准。智慧空间通过借助现代技术可以对用户信息和需求进行智能感知，并形成良性的空间记忆，这些空间记忆将形成大数据传输到云端，自动为用户提供所需要的信息。而且，每个记忆信息都有一个空间地址，可以方便用户与空间进行交互。另一方面利用智慧空间可以更加灵敏地捕捉用户信息，因此智慧空间在建设的过程中注重主动交互的效果。

（2）前提：高度感知

智慧空间的一个重要标志就是高度的感知力，它是大数据的来源，也是图书馆服务提升的重要内驱力，如空间门禁系统通过对用户生物信息进行感知，明确其使用权力；空间定位系统通过对用户位置信息进行感知，为用户提供精准服务。智慧空间的高度感知能力，实现了真正的大数据融合，体现了以人为本的重要思想。

（3）保障：高互联性

智慧空间的空间形态体现了较强的互联性和开放性，智慧空间依托物联网技术实现了资源的相互联系、相互传播和相互协同，保障了用户随时随地地获取自己想要的资源。

（4）手段：高智能化

智能设备和机器人是智慧空间建设中的重要元素，无纸化图书馆、无人值守图书馆是图书馆智慧空间发展的重要方向。

3. 智慧空间建设的方向

（1）实体空间重塑：从资源建设到用户服务

在图书馆智慧化建设的过程中，进行实体空间的再造是智慧图书馆建设的必然一步。在智慧图书馆的建设过程中首要目标是实现图书资源利用价值的最大化，这与传统图书馆以图书收藏为主要目标是存在差异的。现代图书馆的职责是基于文化传播的社会化组织机构，因此在进行图书馆实体空间建设的时候，空间的建设中心也由书本向人本进行转移，由资源向用户进行转变，以人为本的创新空间服务机制已经逐步形成。在进行图书馆实体空间建设的时候主要采用修缮的方式，通过将文化元素融入实体空间再造的方式，营造出浓郁的文化气息。同时，在实体空间的设计上更加倾向于开放式的形式，这不但提升了实体空间的舒适度，而且满足了用户的多元信息需求。

（2）虚拟空间重塑：延伸了图书馆服务空间

在智慧图书馆的构建中，虚拟空间是十分重要的元素，它弥补了实体空间服务的不足，进一步拓展了图书馆的服务空间。对于图书馆虚拟空间的重塑主要集中于对数字空间的建设上。虚拟空间的发展基础是实体空间，发展载体是网络，在发展的过程中会形成丰富的信息资源，这些信息资源可以进一步丰富实体空间的服务内容，从而为用户提供更加便捷、即时的服务。存储数字资源形态是虚拟空间的主要形态，但不是唯一形态，因此要多方位创新虚拟空间的形态，以实现资源的全面共享化，提升虚拟空间的服务价值。

（3）创新空间重塑：共享空间到不断超越空间

在图书馆的智慧化建设中，实体空间和虚拟空间进行有机结合是十分必要和关键的，这也是创新空间形成的基础。在创新空间发展的过程中经历了资源空间开放、共享的共享空间阶段，这是创新空间发展的一种重要形式，而且不同的图书馆会结合自身的服务定位去建设不同的共享空间。共享空间的价值在于为信息的互动和交流提供了场所，随着智慧空间的不断深入发展，用户的需求不再局限于互动与交流，自我精神超越的需求越来越强烈，这对创新空间的发展提出了新的要求。创新空间需要满足用户的冥想需求、创新思维需求、沉淀心灵需求，这使得创新空间进行了更深层次的变革，因此超越空间应运而生。超越空间的建设可以超越图书馆的物理位置限制，延伸到用户的学习、生活和工作中，使用户在不断获取知识的同时，深入思考人生价值，并为自我价值的实现而不断奋斗。

4. 智慧空间的建设模式

（1）智能馆舍

参照智能家居的模式，进行智慧图书馆的建设，通过运用智能监控系统，为用户提供高效的服务，营造便捷、智能的服务空间。如智能照明系统可以结合光线的强弱自动调节图书阅览区域的光线，在获得适当照明效果的同时，节约用电量和人力成本。

（2）手机图书馆

手机图书馆实现了用户阅读空间的无线性和移动性，通过借助无线上网技术和移动设备，实现了信息传播空间的双向扩大。手机图书馆业务的开展进一步方便了用户，在实现个性化空间服务的同时，提高了图书馆资源的利用效率。手机的双向交互功能，使得图书馆空间的交互功能进一步增强，如移动手持式阅读、虚拟参考咨询、个性化信息推荐等可以为用户带来图书馆全新的智慧空间体验，如上海图书馆推出的手机图书馆 APP，可以帮助用户直接检索感兴趣的图书馆和热门图书。

（3）图书馆联盟

图书馆联盟作为图书馆的联合体，是实体空间和数字空间展开合作的一种重要形式。通过图书馆联合体之间的文献传递、图书资料共享、咨询服务协作，图书馆智慧空间实现了较强的规模效应。各成员体之间的专长互补，更有利于优化图书馆的服务项目，从而为用户提供更加优质、高效的服务。

（4）24 小时自助图书馆

24 小时自助图书馆可以使用户摆脱图书馆空间的时间限制，为用户提供更具亲和力、智能化的服务。这种智慧空间的构成主要有以下四部分：一是具有必要应用软件和收费功能的自助机，这是图书馆的服务系统和核心设备。二是以图书的调度为主要任务的流动服务车，主要功能是进行图书的借出、回库及上架。三是以信息交换为主要设置的中心服务系统，主要对接自助终端设备。四是负责图书馆智慧空间良好运行的计算机网络，是智慧空间开展的重要保障。

（5）家庭电视图书馆

家庭电视图书馆是图书馆智慧空间得以实施的一种创新模式，主要通过电视频道向用户提供免费的在线阅读，现阶段该种类型的空间建设规模还较小。用户只需要借助家庭电视机就可以享受图书馆的相关服务项目，这给用户带来方便的同时也带给用户不一样的阅读体验。

（六）泛在智慧服务构建

1. 泛在智慧图书馆

泛在图书馆是无处不在的图书馆，是图书馆服务的泛化和升级。所谓的泛在智慧服务是不受时间和空间限制的泛在服务，服务品质升级，服务体验更加便捷，它是伴随着电子图书馆、虚拟图书馆、数字图书馆发展的一种新型图书馆形式。

泛在智慧图书馆是依托信息技术发展起来的一种新型图书馆模式，具有网络性、全天候、开放性、多元性、多语种和全球性的特征。互联网是泛在智慧图书馆的信息资源服务载体，用户可以享受连续不间断的服务，不受时间和空间的限制，通过全球用户开放资源的共享实现动态信息的无缝对接，打破了服务的语言障碍。

2. 泛在智慧服务在图书馆中的体现

（1）服务范围方面

随着全球经济一体化的发展，各国文化交流的加速，使得图书馆的服务对象不再局限于某个范围，而是面向全世界的用户群体，这进一步拓展了服务的范围和内容的延伸，这需要智慧图书馆在建设的过程中不再区分馆内读者和馆外读者，要使每个图书馆用户都能平等地享受图书馆的服务，使图书馆资源实现全球共享。与此同时，随着服务对象和范围的扩大，服务中遇到的问题也越来越多和复杂，必须有相应的规则予以约束，以确保服务的合法性和规范性。同时，需要注意在服务范围进行扩大的时候不但要增加文献资源量，还要增加多元的业务服务板块，让服务内容更加全面系统，这也是泛在智慧图书馆建设的基本要求。

（2）服务内容方面

随着融媒体时代的到来，用户对图书馆的服务需求日益多元化，图书馆不仅是知识提供、文化传播的重要场所，更是信息资源有机集成的重要场所。泛在智慧图书馆的信息服务是无处不在的，可以为用户提供各种资源载体。通过将知识管理平台融入用户的工作和学习环境，实现信息的有效集成，通过与微信、微博等虚拟社交媒体融合，为用户创造交流互动的空间，实现服务内容延伸的泛在化。

（3）服务手段方面

泛在智慧图书馆服务手段呈现泛在化，其依托网络平台不受时空的限制，为用户提供个性、自主的学习体验空间，实现用户足不出户就可以获取知识。这是由于泛在智慧图书馆依托现代技术，充分发挥现代科技优势的同时，不断实现自我创新，更加关注用户的服务体验，使服务的针对性更强。

3. 图书馆泛在智慧服务模式的构建

（1）智能感知用户需求

随着现代信息技术的发展，尤其是5G时代的到来，信息数量急剧增长，如何在海量的信息资源中精准定位用户所需要的信息是图书馆泛在智慧服务价值得以实现的重要保障。对用户信息进行智能感知，需要提高信息检索和整合精准度，满足用户的个性化差异需求。在精准定位用户个性化需求的基础上，合理布局馆藏资源。

（2）信息资源云储存

传统的图书馆纸质资源不但不能实现文献资源的高效传递和共享，而且由于受到多种因素的影响，其需要耗费大量的人力、物力和财力。图书馆要想实现泛在智慧化服务，就必须要引入云计算技术，通过云存储中心的建立，实现图书馆服务的系统化和规模化发展。

（3）智慧化特色服务

与传统图书馆的文献借阅和信息咨询相比，图书馆泛在智慧服务提供的特色服务更加智慧化，更加注重对用户信息的智能感知。如情境感知技术的运用，让用户足不出户就能享受图书馆提供的服务。微博、微信公众号、小视频等新媒体的运用，体现了信息服务泛在化的特点。

（七）智慧机器人建设

1. 智慧机器人

“会思考的机器人”是人工智能研究的载体，也是智慧机器人的雏形，它是一种可以编程、功能多样的专业系统。现阶段国内外学者有关智慧机器人概念的界定还不统一，而且随着智慧技术的不断发展，智慧机器人被赋予了新的内涵。总体来看，一个智慧机器人主要包括以下三方面的要素：一是感知，即感受和认识外部环境；二是思维，即以问题为导向的思考和解决；三是动作，即对外界做出的反应。

智慧机器人的种类繁多，根据应用环境的不同可以分为工业机器人和服务机器人，图书馆智慧机器人属于服务机器人。从功能的角度可以将智慧机器人分为交互机器人、传感机器人和自主型机器人，交互机器人具有语言交互功能，传感机器人具有完备智能处理单元，自主型机器人自主性较强。在现阶段图书馆的智慧化建设中，交互机器人、传感机器人的应用十分广泛。

2. 智慧图书馆应用智慧机器人的必要性

智慧城市、智慧星球理念的不断深入对人类的生产、生活方式带来了巨大的影响，也对图书馆的发展产生了十分重要的影响。在智慧环境下，图书馆用户对图书馆服务提出了更高的要求，发展图书馆的智慧化服务，对提高图书馆服务水平和质量是十分重要和必要的。因此，推进现代图书馆的智慧化发展是图书馆进行转型的重要举措。然而，一个智慧图书馆的建设不但需要有智慧的馆员、智慧的业务管理系统，还需要拥有智慧的技术，通过三者的有机融合，实现图书馆资源的活力创新。智慧机器人的引用为图书馆的智慧化建设提供了必要的技术支撑，通过图书馆馆员与智慧机器人的协调配合，可以提升服务的精准度和效率，满足了用户的个性化和多样化需求。如图书馆中分拣机器人、搬运机器人等的运用，可以将图书馆馆员从繁重的体力劳动中解放出来。

图书馆的服务对象是读者，如何满足读者的多元化、个性化服务，如何为读者提供更加便捷、深层次的服务体验，需要图书馆不断地丰富自身的图书馆基础配置，智慧机器人的引用满足了这一需求。智慧机器人智能化的引导服务可以为读者提供人性化服务，如智慧机器人的智能交互可以方便读者及时了解图书馆馆情，智能文献搜索可以减轻读者利用图书的压力。因此，智慧机器人应用于智慧图书馆实现了图书馆的服务价值，满足了读者用户的需求。

3. 智慧机器人在图书馆智慧化建设中的应用情况

（1）图书搬运机器人与自动存取机器人

早期的图书搬运机器人主要是为了提高归还图书入库效率，如日本大阪采用人工设置导线和路标的形式实现其自主导航。自主定位技术和视觉导航技术的应用，降低了周围环境对机器人的干预，实现了路径的自主规划和图书的智能搬运。如托泽尔 (Thouzer) 智慧机器人的应用可以实现自动搬运和行迹跟踪。

随着智能立体书库系统的调度，搬运机器人实现了向自动存取机器人的转变。自助存取机器人以 24 小时自助图书馆为典型代表，与银行 ATM 相似，该机器人可以提供全天候的不间断服务，方便用户在附近区域进行图书的灵活获取和借还，但是，由于这种智慧形式的特殊要求，该种智慧机器人应用的范围还是比较小的。基于智能仓储自动存取机器人的应用主要采用 ASRS 系统控制管理，其可以将图书根据不同大小、位置进行相应尺寸金属箱的放置，图书的搬运操作完全由机器执行，大大降低了成本。

（2）盘点机器人和聊天咨询机器人

盘点机器人在图书馆智慧化建设的过程中应用历程是比较短的，其主要应用于对图书馆书架中错放的图书进行巡视、记录、生成报告。根据相关研究资料显示，一个叫TORY的智能盘点机器人在1小时内可盘点图书3万本以上，盘点精准率为99.23%。

虚拟机器人在图书馆的应用主要是为用户提供实时在线的咨询服务，早期主要应用于网站导航问题的解决，但是随着咨询需求的增多以及咨询服务质量的提高，越来越多的用户希望虚拟咨询机器人可以像自然人一样进行口语式沟通，可以自动更新语法规则和知识库的智能聊天机器人成为图书馆选择的新趋势。伴随着虚拟咨询机器人的深入发展，实体聊天咨询机器人逐步进入大众的视线，如体型小、便携可以为用户提供检索服务的索塔（Sota）聊天机器人，可以聊天、观看馆内视频的、触屏的科罗（Koro）机器人。图书馆应用最为广泛的纸张（Paper）智能机器人，拥有自动、独特的学习对话数据库，可以实现借阅卡识别、馆藏检索、问题解答等功能服务。

（3）分拣、扫描和特殊服务机器人

图书分拣机器人保留了工业机器人的许多特点，通过传送带的传送将图书分拣至拣货台，并通过识别技术将图书相关信息进行自动分类，为图书馆的智慧化发展提供了重要的动力。在智慧图书馆的建设中，图书馆不但需要整合丰富的数字资源，而且为了凸显图书馆自身的特色，需要自建数字资源，这都需要大量的数字化建设工作，在这个工作中文献扫描机器人发挥了十分重要的作用。如非接触式的真空吸附、冷光源照射机器人不但可以进行自动翻页、扫描，还可以最大限度地减少对文献的伤害。特殊服务机器人是针对一些特殊群体服务的机器人，主要针对儿童群体、老年人群体以及残障人士群体等，可以帮助那些有认知障碍、行为障碍的群体获取图书。

图书馆作为文化传播、知识交流、活动开展等的重要场所，智慧机器人的应用不但可以为用户带来一种全新的体验，同时也有利于用户信息素养和科学素养的培养。因此，采用智慧机器人是智慧图书馆建设的一种新选择。

4. 智慧机器人建设的路径

（1）优化相关智能技术

智慧机器人的发展经历了由半自动化到智能化的过程，在这个过程中相关智能技术发挥了十分重要的作用。随着人工智能技术的不断深化，未来智慧机器人有着更加广阔的发展空间。因此，优化相关智能技术是图书馆建设智慧机器人的必然选择。现阶段智慧机器人应用于我国图书馆的时间还比较短，在使用过程中还面临着很多难题需要解决。这需要智慧机器人在使用过程中及时发现、反馈问题，不断更新软、硬件设备，完善机器人服务功能，使机器人的功能更加多元化、智慧化和人性化。

（2）促进机器智能融合

智慧机器人应用于图书馆，不但让机器人走进了图书馆，而且让更多智慧技术以不同的形式走入图书馆，促进了智慧服务体系的建设。一个完善的智慧机器人服务体系主要包括文献流通、参考咨询、阅读推广、数字资源建设和后勤保障五个层面。文献流通作为图书馆的主要业务内容，通过机器人在搬运、盘点、存取、分拣等方面的协调运用，可以使文献借阅更加智能化、便捷化。参考咨询作为机器人应用最早的领域，通过虚拟咨询机器人和实体聊天机器人的运用，实现了人机交互，大大提高了用户的自主学习能力。阅读推广作为开展文化教育活动，挖掘馆藏信息的重要途径，通过实体聊天机器人、陪伴机器人的运用，为阅读推广带来新的生命力，使用户感受到新鲜的科技体验，同时提升了用户的科学信息素养。文献扫描机器人在数字资源建设中的应用，为特色数字资源建设提供有利条件的同时，有效地保护了稀有文献的完整性。与此同时，智能清洁机器人、智能安保机器人、电力巡检机器人在后勤保障中的应用也为馆内环境设施的优化提供了重要保障。

（3）丰富读者智能体验

在智慧机器人的应用过程中，图书馆建设要时刻体现以人为中心的理念，要对用户的行为因素进行重点考虑。因此，在智慧机器人的建设过程中，除了增加使用智能机器人的便利条件以外，还要为用户创造更好的智能体验条件。要不断地改进机器人的功能设计，增进机器人之间的融合性，使机器人发挥更好的服务效果，切实满足用户的需求。

第三章　图书馆智慧化建设的必要性

一、图书馆智慧化发展现状

（一）政策在逐步完善

1. 政策不断完善对智慧图书馆产生的影响

智慧图书馆的建设在很大程度上保障了公民平等自由获取信息与知识的权利，其本身就是一种制度安排，尤其是智慧图书馆的公共职能建设，其事业发展受国家政策的影响非常大。在智慧图书馆公共职能的构建中我们常常能够找到政策影响的深深烙印，同时也会从政策的发展变化中预测智慧图书馆建设的方向。由此可见，在智慧图书馆建设的研究过程中不可避免地会涉及相关政策的研究，尤其是近年来国家智慧经济发展战略的调整，使智慧文化政策环境正在发生深刻的变化。在这种情形下，深入研究图书馆智慧化建设中对政策的新要求变得更加重要和必要。

（1）政策对图书馆智慧化建设的引导

图书馆智慧服务体系建设是图书馆事业在新时期的一次重大转型，其转型的根本目的是实现图书馆服务的广泛覆盖与公平公正，是智慧时代图书馆发展的一个重要机遇，也是图书馆发展模式实现改变的一个重要机会。然而，要让这种转型从个别学者理论研究演变成具有公共性的事业发展目标的新研究，迫切需要按照智慧图书馆服务体系建设的思路完善图书馆相关的政策体系，并通过政策的引导和有效规划，来促进智慧图书馆发展路径的全面转型。

（2）政策对智慧图书馆建设的支持

自 2005 年以来，我国一些地区就陆续开始探索区域智慧图书馆服务体系的构建，如在港、澳、台地区，形成了一些地方性的智慧图书馆体系建设的专门政策文件。自2010年以来，随着创建智慧图书馆示范区工作开展以来，一些智慧图书馆服务体系的制度设计成果转化为政策形式出台，也取得了一定的成效。但是在智慧图书馆的建设过程中，其网络全覆盖的重点和难点在于能否有效地将其服务触角向下延伸至基层，去解决图书馆服务资源地区不均衡的现状。不过，由于政策的缺失，在图书馆智慧化发展过程中缺乏影响力、服务形式单一的现状普遍存在，难以形成有效的智慧图书馆服务体系。由于政策的缺失，导致智慧图书馆在建设过程中经费、专业人员、职能设备、文献信息资源等都得不到充分地发挥，不但影响了整个服务体系的效益，而且成为图书馆智慧化发展的关键制约因素。因此，在智慧图书馆服务体系的构建中，要在现有政策的基础上结合建设需求和方向，不断完善图书馆的发展政策。

（3）政策对智慧图书馆公共职能的履行

自2005年起，公共文化服务体系越来越频繁地出现在各种政策文件中，这都将成为智慧图书馆体系建设的重要战略部署，这对智慧图书馆的建设提供了很强的指导性。智慧图书馆建设作为公共图书馆事业建设过程中的重要内容，其不断深入发展有利于落实我国关于公共文化服务体系建设的战略部署，与此同时，智慧图书馆服务体系的政策落实，为图书馆服务体系政策的不断发展和完善提供了源源不断的动力，使图书馆更好地履行其公共服务职能。智慧图书馆的建设有利于图书馆公共服务职能的发挥，其建设本身就是贯彻公共文化政策的过程，不但实现了图书资源的有效配置，还增强了公共服务的有效供给。

2. 国内外有关图书馆政策的研究

从国内外角度对图书馆发展政策研究现状进行全面的分析有利于把握最新研究动态，从而为本文政策内容的分析和撰写提供参考价值。如刘泽宁结合政策分析过程和案例研究方法，考察了科学数据管理政策在英国高等教育机构图书馆构建中的作用。贾司渤重点介绍了开放知识和开放科学数据的定义，指出了在智慧图书馆构建中两者的重要性，同时他呼吁相关研究者注意，在开放数据的背景下，方法、政策及理论存在的现实问题。王婷提出了开放数据与数据安全政策协同的重要理论，并从法律层面对智慧图书馆科学数据的权利归属进行梳理。总体来看，国内外学者有关图书馆政策的研究主要集中在以下几个方面。

一是关于图书馆发展政策的概念研究。不同的学者分别从政策内容、政策目标层次、政策效力、政策作用方式等方面对图书馆发展政策概念进行了界定，同时总结出灵活性、时效性、层次性是图书馆发展政策所具备的主要特征。

二是关于图书馆发展政策的制定程序研究。通常图书馆发展政策的制定大致要经历目标确定、方案设计、方案分析、方案决策和政策评价四个阶段，不同国家和地区的图书馆可以结合自己的实际需求进行相应的调整，以提升政策的适用性。同时在图书馆发展政策的制定过程中，要坚持前瞻性、系统性以及与国际接轨的原则，提升图书馆发展政策制定的价值性和可持续性。

三是关于图书馆发展政策需求及政策体系研究。通常情况下，一个政策的制定往往是从上而下的，具有一定的广义特征，大致上是与公众需求是相互吻合的——即与广大图书馆用户的需求相吻合。由于缺乏一定的市场细分，导致政策体系的单一性和不精准性，所以急需更精细的市场细分来进行不断完善。

综上所述，国内外学者有关图书馆政策体系的研究还是比较丰富的，这些都为智慧图书馆的政策构建提供了重要的理论依据和思路。在智慧图书馆的建设中，馆藏资源建设是图书馆智慧化发展的重要组成部分，现阶段国内外学者有关图书馆馆藏发展政策的研究还是比较零散的，主要存在于不同的研究文献中，缺乏一定的系统性。馆藏资源作为智慧图书馆建设的基础和重要部分，相关政策的制定和完善，对于图书馆发展政策的制定和完善是十分基础和重要的，也是图书馆政策制定的关键，因此本文将结合智慧图书馆馆藏建设需求，对相关馆藏发展政策建设进行重点的论述。

3. 智慧图书馆政策体系分析框架的提出及发展

本文结合现阶段国内外学者有关图书馆发展政策理论的相关研究，从政策的延续性角度，对智慧图书馆模式下的相关图书馆政策进行框架梳理分析，分析新、旧政策之间的关联性，以明确智慧图书馆政策发展的方向性。利用网络图书馆对智慧图书馆相关文献和法律文献进行搜索，梳理出我国智慧图书馆的相关政策文件如下。

一是《中华人民共和国公共文化服务保障法》第十一条明确指出，“国家鼓励和支持发挥科技在公共文化服务中的作用，推动运用现代信息技术和传播技术，提高公众的科学素养和公共文化服务水平”。

二是《中华人民共和国公共图书馆法》第四十条明确指出，“国家构建标准统一、互联互通的公共图书馆数字服务网络，支持数字阅读产品开发和数字资源保存技术研究，推动公共图书馆利用数字化、网络化技术向社会公众提供便捷服务。政府设立的公共图书馆应当加强数字资源建设、配备相应的设施设备，建立线上、线下相结合的文献信息共享平台，为社会公众提供优质服务”。

三是《省（自治区、直辖市）图书馆工作条例》第二十七条明确指出，“要根据藏书建设和读者工作的需要，有计划地逐年增添必要的图书馆专用设备。要改善善本书刊和其他重要文献资料的安全、保护条件。要有计划地添置复印、缩微、视听等现代技术设备，并积极准备采用电子计算机文献检索技术”。

四是《关于加快构建现代化公共文化服务体系的意见》第十七条中提出，“在智慧城市理念下，要加快推进公共文化服务数字化信息工程建设”。

五是《“十三五”时期全国公共图书馆事业发展规则》中指出，“要进一步提升数字化服务能力，要加强新技术的应用，构建标准统一、覆盖面更广的数字文化服务网络”。

六是《国家“十三五”文化遗产保护与公共文化服务科技创新规划》中指出，“要充分利用泛在网络、云计算、人工智能体系等技术来构建智慧图书馆的技术标准体系”。

七是《新一代人工智能发展规划》和《关于促进智慧城市健康发展的指导意见》中明确指出，“人工智能技术在发展智能建筑、智能基础设施方面的应用……在智慧城市共建中，要加强管理和服务的智慧化”。

八是由全国图书馆标准化技术委员会发布的国际标准《图书馆馆藏资源数字化加工规范》《信息与文献：图书馆射频识别》《图书馆编码标识应用测试》中规定了图书馆文本、视频等数字化加工工作流程和内容，同时规定了适用于各类图书馆需要的馆藏射频识别标签的技术要求和方法。

九是由全国信息技术标准化大数据标准工作组发布的重要文件《大数据标准化白皮书》立足于大数据产业发展时期的政策，利用大数据政策提升社会整体决策与服务管理能力。

十是由国家标准化管理委员会发布的重要文件《人工智能标准化白皮书》呼吁社会各界共同加强人工智能领域的技术研究，以推动人工智能及其产业发展。

通过对我国智慧图书馆相关政策文件进行梳理研究，我们不难发现，智慧图书馆相关政策工具的制定和颁布是一个循序渐进的过程。在智慧图书馆的构建中要加强对现代信息技术的应用，不断提升智慧图书馆的智能性。同时，智慧图书馆的政策制定和研究解决了智慧图书馆建设过程中的重复建设和不兼容问题，为智慧图书馆的建设提供了良好的政策支持。在智慧图书馆政策的构建中，由于智慧图书馆是从技术和功能的角度对现代图书馆的一种界定和定位，智慧图书馆也不是国家的实体职能机构，因此从法学的角度制定一部专门针对智慧图书馆的部门法是存在一定难度的，但这并不能说明智慧图书馆发展政策的无用性，而是进一步说明制定智慧图书馆指导政策、技术标准、行业规范的必要性。基于以上内容，本文从法律政策效力角度，结合智慧图书馆建设的技术标准规范、行业协会政策以及国家宏观指导政策，对智慧图书馆政策体系框架进行进一步的分析。

一是智慧图书馆的技术标准规范，包括基础规范、业务规范、数据技术规范、服务规范和产品使用规范。基础规范主要包括对智慧图书馆概念的界定和对智慧图书馆用户隐私的保护政策，为智慧图书馆的发展方向和用户的隐私保护提供相关的标准与规范。业务规范主要包括智慧图书馆技术体系结构与参考模型、智慧图书馆空间服务与管理规范、智能书库规范、智慧图书馆数据交换格式与协议、智慧图书馆风险防控规范等，为图书馆智慧化业务的开展提供了标准规范。数据技术规范主要包括数据分析与挖掘参考指南、智慧图书馆建设标准、智慧图书馆人机交互规范等，为智慧图书馆智慧检索、存储提供了应用指南，促进智慧图书馆的绿色环保智能发展。服务规范主要包括智慧图书馆用户认证应用规范和智慧图书馆一体化服务规范，确保智慧图书馆用户采集、识别技术规范和一体化智慧服务规范。产品使用规范主要包括通用产品使用规范和智慧图书馆专用产品使用规范，通用产品使用规范主要是针对自然语言处理、传感、安防、智能终端设备等基础产品。智慧图书馆专有产品使用规范主要是针对无纸化智慧图书馆建设使用规范、24 小时无人图书馆使用规范、智慧图书馆专有实体机器人使用规范、特殊设备使用规范等。

二是智慧图书馆行业协会政策，主要包括智慧图书馆学会组织建设、图书馆行业建设、馆员行业培训、行业交流活动和成效及奖惩，可以进一步明确智慧图书馆协会相关组织的职责，规范图书馆管理人员的行为和培训方案，以推动智慧图书馆行业建设与城市智慧化衔接和协同。

三是智慧图书馆宏观指导政策，包括基本内容、实施与保障和评价与考核三个部分。从宏观的角度主要对智慧图书馆的政策对象、政策目的、建设意义、建设策略和联盟建设等基本内容进行政策的指导，约束个人对象、规范图书馆资源的利用行为，明确智慧图书馆的建设目标、策略和协调机制。从宏观的角度对智慧图书馆实施与保障中的经费保障、技术保障、人员保障、制度保障、组织保障和协调机制保障等方面，为智慧图书馆的经费支持、技术引入、队伍技能水平的提升、组织管理体系和办法的完善提供了重要保障。从宏观的角度对智慧图书馆评价与考核的绩效评价体系、绩效结果公示、政策形成与修订的相关发展政策的框架进行了构建。

4. 智慧图书馆政策体系构建中应考虑的问题

（1）智慧图书馆政策工具制定要根据重点和优先的原则

在智慧图书馆的政策要素构建中，金融、科技、基础设施建设、技术标准、组织制度应该是构建智慧图书馆政策体系的重点和优先要素。考核评价、目标规划、人力支持也要被列入到智慧图书馆政策体系的构建中。与此同时，要加强学习和借鉴国际先进的智慧图书馆政策构建体系，从多层次、全方位的角度推进智慧图书馆的实践，为智慧图书馆政策工具的相继出台提供参考。

（2）智慧图书馆政策体系的构建要从法律效力视角进行完善

现阶段针对智慧图书馆的专门政策法规还未出台，只是在公共文化和图书馆相关法律中有所涉及。因此，在现有公共图书馆法的效力范畴下，结合国家技术标准管理机构制定标准，制定智慧图书馆发展宏观规划，进一步细化智慧图书馆业务标准、空间服务和管理规范。与传统图书馆相比，智慧图书馆智慧技术升级具有周期快的特点，需要智慧图书馆政策标准和规范不断地进行补充和修订，提升智慧图书馆政策体系的针对性和可操作性，指导智慧图书馆的规范、有序发展。

（3）智慧图书馆政策体系构建中的衔接问题

智慧图书馆政策体系的构建是一个持续发展和完善的过程，不应该孤立于现有的图书馆政策工具之外。因此，在进行智慧图书馆政策体系的构建中，不但要结合智慧图书馆的智慧技术特色进行相关政策的制定，还要与原有图书馆相关内容同政策体系进行衔接，促进传统图书馆向现代图书馆的转变，实现智慧图书馆政策体系的循序完善。

（二）图书馆体系纵横式发展

1. 纵向：图书馆体系的发展历程

图书馆作为社会文明发展的必然产物，其演变、转型和发展主要受社会发展的影响。智慧图书馆的形成不是一蹴而就的，而是经历了传统、自动化、数字化、复合化以后逐渐形成的一种新的社会文明产物。

在我国古代，图书馆主要以藏书楼的形式出现，当时主要以私人藏书楼为主。直到 21 世纪公共藏书楼的出现标志着我国近代图书馆的建立，即我们所说的传统图书馆，其主要功能是进行文献的组织、收集、存储和传递，当时的图书馆管理是比较物化和过程化的。直到 20 世纪中后期，图书馆管理才逐渐实现自动化管理，这在很大程度上促进了图书馆社会化、效益化意识的增强，促进了图书馆逐渐发展成为社会文献的资源中心。随着信息技术的不断深入发展，知识需求的不断融合，图书馆服务模式发生了根本性的变化。数字图书馆时代的到来，增强了图书馆的虚拟空间服务，同时也对传统图书馆的服务模式带来了挑战，在这种情形下，传统图书馆必须实现自身的转型和升级，以实现两者的辩证统一发展，因此复合化图书馆应运而生。图书馆可以实现传统图书馆和数字图书馆的优势互补，共生共建，实现了实体空间与虚拟空间的有机结合。随着智慧技术的逐年发展和深入，复合化图书馆向智慧图书馆转化成为必然。因此，进入 21 世纪，智慧图书馆成为国内外学者研究的热点问题，重点对智慧图书馆实体与虚拟结合技术和功能进行了研究。由此可见，在每个时代背景下，图书馆都有自身的发展规律和特点，而图书馆的智慧化发展是社会发展的必然产物，也是现代图书馆发展的必然趋势。

现阶段，我国图书馆的发展趋势主要呈现多元化、智能化和虚拟化的现状，这在很大程度上促进了智慧图书馆的建设。一是图书馆的建设理念呈现多元化趋势。智慧技术的深入发展使用户对图书馆的服务需求更加多元化，在用户的多元化需求下，图书馆将人性化与人文化渗透进去，以用户为中心成为现代图书馆建设的主流趋势。在现代图书馆的建设中，更加注重对物理空间和虚拟空间的人性化设计。图书馆将生态化与地域化渗透到图书馆建设中，生态化可以实现图书馆的可持续发展，如自然通风、天然采光技术的运用，实现了图书馆的生态目标。地域化可以使图书馆独具区域特色，如将社会风俗、文化精神融入图书馆的建设中。图书馆还将开放性与个性化渗透到图书馆的建设中，开放性可以提升图书馆的兼容性和多样性，而个性化可以提升图书馆的可识别性，以上这些多元化的发展都为智慧图书馆的建设奠定了良好的基础。二是图书馆空间发展呈现智能化的发展趋势。科技的蓬勃发展为图书馆的智能化发展提供了可能，而未来图书馆的主要发展趋势就是智能化建筑和虚拟空间的有机结合。通过计算机网络系统、自动化办公系统、多媒体通信系统等实现图书馆建筑的智能化建设，通过物联网、大数据、人工智能等技术的应用实现图书馆空间的智能化建设。三是图书馆信息服务呈现虚拟化的趋势。随着新兴信息技术的快速发展，图书馆信息服务更加网络化和虚拟化。移动设备的迅速融入改变了人们获取和传递信息的方式，使用户可以享受更加泛在化的服务。图书馆信息服务的智慧化实现了交互式信息平台的打造和虚实结合的智慧互联，这些纵向的发展都为图书馆的智慧化建设奠定了基础。

2. 横向：国内外图书馆智慧化建设的实践

在我国图书馆智慧化构建中，比较有代表性的图书馆建设有以下几个。一是国家图书馆，提供自助借还机、自助办证机、座位预约、虚拟导航等便捷服务，馆藏主要利用无线射频识别技术进行管理，提供近三年中文图书开架阅览服务和数字资源检索服务。二是清华大学图书馆，作为一个集开放文明、数字化、研究型为一体的图书馆，配备了大量的智能设备。如该图书馆的创新体验区，通过电子书墙的设计，实现了用户终端扫码和阅读，解决了热门书籍、新书排队预约的问题。同时为了提升用户在图书馆的体验，拉近用户与图书馆的距离，清华大学图书馆还创建了“清华印记”互动游戏，通过投影墙面的设计，用户可以将自己在清华大学的一些有重要纪念价值的合影进行存储。而对于青铜器、甲骨文等珍贵的古文物，清华大学图书馆采用的仍然是传统的馆藏技术。三是天津中心友好图书馆，主体建筑由图书馆和档案馆两个结构构成，设有生态儿童馆、自助借阅室、档案服务大厅等，在该图书馆中我们可以看见智慧墙面板和移动零售机器人，用户只需要借助移动终端 APP 扫码或者刷脸就可以享受便捷的图书服务。基于大数据，该图书馆可以为用户提供瀑布流电子借阅服务、电子书法、录音棚等新技术体验，大大提升了现代图书馆的服务效能。四是北京外国语大学图书馆，为了配合“双一流”学科建设和“一带一路”倡议，馆藏资源建设坚持中英文及多语种图书布局，确保了图书馆多种语文文献编目及检索功能。

在国外智慧图书馆的建设中，比较有代表性的国家有以下几个。一是芬兰。作为最早提出智慧图书馆概念的国家之一，人均图书馆占有量居世界前列。在芬兰，图书馆是服务国民的基础，就如同国民教育一样，该国家的智慧图书馆建设程度是比较高的，图书馆普遍设置自助借还书机和自动分拣机，实现了图书资源的高效流通。图书馆与图书馆之间普遍实施跨区域合作，多个区域共同使用一套图书馆系统。同时，芬兰在图书馆的智慧化建设中，非常重视以人为本的理念的渗透，如为独居老人提供图书服务，提供多元语言服务等，从侧面反映了芬兰图书馆在智慧化建设的过程中充分考虑了不同用户的使用需求。二是美国。美国对智慧图书馆的建设主要致力于人工智能和智慧社区两个领域。人工智能可以帮助图书馆扩大信息获取量，如美国罗德岛大学图书馆 2018 年开设的 AI 实验室，帮助教职工和学生更容易访问和分析图书馆的馆藏。西雅图公共图书馆打破了传统楼层分割的理念，通过书库、工作区、交流区等的建立，为用户创造更为开放的阅读空间。在图书馆的建筑结构上，美国也很重视节能环保，通过对建筑区域进行色彩划分，帮助用户区别图书馆的服务功能，如粉色区域为儿童服务区，橘红色区域为青年中心等。三是新加坡。新加坡作为亚洲地区开展智慧图书馆建设实践最早的国家之一，自 1998 年开始，就开始使用 3M 自助借书机和 24 小时还书箱，为图书馆的智慧化建设奠定了良好的基础。自 2005 年起，新加坡国家图书馆的建筑建设就采用了节能设计，2015 年推出了自主式机器人书架扫描系统。

综上所述，国内外有关智慧图书馆建设的实践已经比较丰富，也为图书馆智慧化建设的深化提供了宝贵的经验。在这种情形下，对图书馆智慧化建设的进一步升级和发展已经成为必然趋势。

（三）图书馆模式多元化发展

图书馆作为国家文化的重要组成部分，一直以来都受到国内外相关主体的重视，随着信息技术的不断发展，形成了独具国家特色的模式。如美国的智慧图书馆，从 20 世纪 90 年代就开始采用本地和远程的终端进行图书馆管理。澳大利亚则在 2012 年开展社区智慧图书馆的新型服务，使用户在日常的生活中就可以享受图书馆的智慧服务。澳大利亚的社区智慧图书馆不但拥有强大的智能中央系统，而且拥有完善的防火墙功能，从实现资源互联共享的同时，保障了信息的安全性。新加坡则自 2006 年开始应用无线射频识别技术，借助无线射频芯片，实现了图书馆图书信息的管理。马来西亚自 2014 年年底则通过与三星电子合作，构建了三星智慧图书馆，通过设置儿童阅读区、阅览区、交互区，借助触屏智能标牌、平板电脑、大屏显示器等实现了图书馆的智慧服务，大大提升了图书馆资源的利用。由此可见，国外智慧图书馆建设主要呈现馆舍智能化程度高、馆藏资源丰富和文献资源共享覆盖面广的特点。国外智慧图书馆的建设涉及办公自动化、楼宇的自动化，并以元数据为依托，构建了标准的检索平台，这些在很大程度上促进了图书馆智慧化建设的多元化发展。

我国的智慧图书馆在构建的过程中引进国外智慧图书馆构建理念的同时，也呈现了其自身的特色。2005 年，上海图书馆率先开设了手机图书馆，实现了图书馆分馆引导、电子书、我的图书馆等功能，这些功能可以实现用户随时随地地了解图书馆的最新信息，引导用户进行书刊的借阅、点评和交流等。清华大学图书馆自 2006 年就开始关注校内移动数字图书馆领域的研究，先后推出了短信通知、网络学术资源查询等数字化服务。2012 年，南京城东高校建立了图书馆联合体，实现了图书馆资源的统一检索和图书“通借通还”服务。由此可见，我国图书馆服务智慧化建设虽然起步较晚，但是发展较为迅速。然而，需要注意的是，在图书馆的智慧化建设中，相关配套设施需要不断健全，如法律保障、图书馆建设规范等，以保障图书馆模式多元化发展的顺利开展。

（四）图书馆要素深度升级

1. 图书馆要素深度升级的目标和原则

（1）图书馆要素升级的目标

随着现代技术在图书馆中的应用和图书馆学的不断深入研究，我国图书馆知识服务正在由传统的资源驱动型向服务主导型转变，资源的拥有也打破了以传统图书馆为中心的局面，越来越关注用户的需求获取。总体来看，现代图书馆的发展主要呈现以下几个要素的延伸目标。

一是关注平台与技术升级。平台与技术的升级实现了以用户感知为目标的需求体验，实现了用户的多样化交互，满足了用户的多层次需求。互联情境为用户提供了丰富的感知场景，设备的易用保障了用户使用的流畅性和兼容性，保证服务平台支持系统可以为用户提供更加可操作性、更加人性化的要求，这为智慧图书馆的技术升级提供了坚实的技术支持。

二是关注资源建设质量。随着图书馆的现代化发展，图书馆的资源建设越来越重视质量的提升和资源的再造，尤其是语义情境的再造，在很大程度上提升了图书馆资源的更新速度和专业水准。在现阶段的图书馆资源建设中，图书馆更加注重用户的精准信息需求，以引领前沿、专业标准的态度致力于图书馆资源的精细化重组，从而实现图书馆资源建设的系统性和全面性，这为智慧图书馆的资源建设提供了有力的基础保障。

三是关注图书馆馆员的培养和开发。随着图书馆职能的转化和升级，对图书馆馆员的素养和能力也提出了更高的要求。作为一名图书馆馆员，不但要协调用户与图书之间的关系，挖掘用户的潜在需求，同时也要不断地创新图书馆的服务水平，通过对自身服务能力横向和纵向的挖掘，实现服务由单一向综合的转变，助力智慧图书馆服务的智慧化、集成化发展。在这种情形下，图书馆馆员需要不断地朝着学科化、集成化和技术化进行发展，为图书馆的智慧化升级提供人力资源保障。

四是关注服务激励与适配性。图书馆服务激励与适配性的增强可以完善图书馆的服务内容和功能。图书馆服务激励可以使服务主体以更加饱满的热情投入到服务工作中，提升知识服务的柔性，保障服务过程中的友好和顺畅性。图书馆服务的适配性强调服务提供的个性化，在保障服务舒畅融合的同时，大大提升用户的满意度。

（2）图书馆要素升级的原则

在图书馆要素不断升级的过程中，用户要素受到了广泛的关注，作为图书馆知识服务的受体，图书馆一切活动的开展都要以用户的需求、体验、满意度等为中心。因此，在图书馆不断升级转化的过程中，其主要遵循的发展原则有以下几个。

一是用户需求导向原则。用户作为智慧图书馆服务的接收者、体验者和评价者，用户需求满足的情况直接反映了图书馆服务的水平。因此，用户的需求是现代图书馆不断发展的重要动力。图书馆要最大限度地解决用户的实际问题，想用户之所想，解用户之所需。以促进用户积极主动地参与到智慧图书馆的建设中，并为智慧图书馆的建设方向和内容提供有效的反馈和宝贵的建议，激发用户的持续性使用意愿。

二是互联情境的易用性原则。随着现代互联网信息技术的发展，情境技术在现代图书馆中得到了广泛的应用，这在很大程度上促进了用户阅读习惯的改变，用户对图书馆知识服务的利用不再局限于某一个图书馆平台，呈现多元化的发展倾向。这就使得用户对图书馆智慧化的建设期待越来越大，他们更倾向于跨平台和多情境的信息资源共享平台，以实现图书馆资源的协同开发和创新。

三是资源重组与资源再造有用性原则。提高信息资源利用率是现代图书馆发展过程中主要致力的方向，它可以充分发挥图书馆资源在服务过程中的重要价值，是图书馆不断发展的根基，也是智慧图书馆知识服务创新的重要基础。随着图书馆资源利用率和有用性功能的不断发挥，图书馆的资源重组和再造取得了显著的成就，并在用户体验方面提升了图书馆资源服务的专业性、精准性和权威性，这在很大程度上促进了智慧图书馆服务能力的提升。

四是情境功能的拓展性原则。在现代图书馆的智慧化发展过程中，信息交互成为图书馆服务智慧化拓展的重要环节。它有效地减少了图书馆知识服务中的无序行为，提升了服务与用户的匹配度，大大提高了图书馆服务功能的可能性和丰富性，促进了智慧图书馆服务流程和情境内容的标准化、个性化配置。

2. 图书馆要素升级的关键要素分析

结合智慧图书馆知识服务延伸的要点，本节从知识服务要素的角度分析智慧图书馆构建的必要性和发展趋势。

（1）服务主体要素

图书馆服务主体要素是指为用户提供信息资源收集、获取等相关服务的人员，主要包括专业馆员、管控主体和用户个体。随着图书馆的深入发展，传统的普通馆员正在逐步向专业馆员转变，他们不但拥有一定的图书管理能力，还可以利用自身的专业知识和技能为用户提供更具有专业性和核心力量的知识服务，成为知识获取的引领者。在这个过程中，为了促进图书馆资源信息的有效融合和延伸，优化图书馆资源信息整合环境，需要专门的管控主体。与此同时，在现代图书馆服务体系中，个体用户不但是图书馆资源服务的接受者，也是图书馆资源的协同创造者、传递者等，用户多重的角色身份，在很大程度上加快了图书馆智慧化建设的步伐。

（2）服务本体要素

为了满足现代图书馆用户层次化、个性化的图书资源获取需求，图书馆服务实现了传统特色资源库和新技术环境下再造资源库两者相结合的格局，这也是图书馆智慧化建设中的必然方向。

随着智慧技术的推进，图书馆越来越重视对资源特色库的建设，通过对用户的兴趣和意愿进行全面的评估和考证来保障用户需求与资源的一致性。通过专题库的建设，提升了服务过程中的专业准确性。同时，互联网、新媒体技术的深入发展使用户在信息获取的形式上发生了重大变化，在这种新的信息环境下，图书馆有必要借助新的信息技术对传统信息资源进行精细化重组，从而实现图书馆智慧化建设中服务和功能的延伸拓展。除此之外，随着新技术在图书馆的应用，图书馆的资源再造产品功能得到凸显，如图片、音频、视频等资源形式的创造，成为智慧图书馆知识服务延伸的重要依托。

（3）服务媒体要素

在图书馆的智慧化发展中，以互联端工具和技术平台为代表的媒体工具深受图书馆的喜爱。互联端工具综合应用了物联网、互联通信等技术，实现了网络环境下的互联，可以为用户提供更加具有个性化的知识挖掘服务，使用户随时随地地进行信息的感知、获取、传递和创造。技术平台主要综合运用大数据、云存储等技术，捕捉用户行为并及时给予反馈，形成了图书馆服务资源的自由重构，这都为智慧图书馆的构建提供了有利的媒介支持。

（4）服务空间要素

在万物互联和通信技术普及的背景下，使得图书馆的实体空间和虚拟空间实现无缝对接，并形成了信息时空、信息伦理、信息制度等空间要素。信息空间实现了图书馆资源生产、传递、消费等的自主合理性，信息伦理实现了图书馆服务伦理的特色定位，信息制度规范了图书馆信息服务的行为，为智慧图书馆空间的有效构建提供了有力的保障。

（5）服务受体要素

用户作为图书馆服务的受体，以用户为中心成为现代图书馆发展的一个重要服务理念。随着用户自身知识结构的个性化和层次化发展，图书馆的服务理念也得到不断深化，它认为服务受体和主体的关系是相对的，而图书馆要充分发挥自身的资源共享与协同创造的价值，实现角色的相互转换，为智慧图书馆的建设提供了重要的支撑。

（五）图书馆标准不断清晰

1. 国外图书馆服务标准

通过对国外图书馆协会网站、教育网、相关图书馆标准研究文献等的整理，选取了具有代表性的图书馆标准规范进行分析，发现国外智慧图书馆服务类型主要有自动问答的智慧自主服务类型和专项技能和教育的个性化主动服务类型。根据这些类型，国外构建了比较有代表性的图书馆标准规范，如英国和澳大利亚针对信息环境下的用户隐私保护设置了《图书馆用户隐私指南和保护指南》，美国则构建了《远程学习图书馆服务标准》和《高校图书馆媒体资源指南》。由此可见，国外对于智慧图书馆服务标准的规范构建主要关注具体的服务内容和效果，主要包括以下几个方面。

一是泛在资源环境保障。加拿大和美国在制定智慧图书馆服务标准的时候，比较关注资源获取方式和资源种类的标准制定，对智慧图书馆模式下的资源服务时长、资源服务的种类等进行了明确的规定。

二是多元文化服务。国外制定智慧图书馆服务标准是面向多元文化背景的用户和特殊的用户，如日本图书馆在制定服务标准的时候，要求可以为外国人提供生活信息和语言信息资料，美国则强调图书馆跨文化服务的重要性。

三是拓展服务。ACRL 制定的专门视觉素养标准和 IFLA 制定的特定空间，明确了智慧图书馆在空间体验、自助服务以及个性化服务过程中的标准，他们强调对用户需求和偏好的重视，强调馆藏的重要价值以及在此基础上营造多角度的物理环境氛围。

四是用户参与。国外在智慧图书馆服务标准的制定过程中，明确提出了用户参与反馈的条款，尤其是在图书馆的新建、扩建过程中，对用户的需求度和体验满意度展开调查是十分重要且必要的，它明确了用户在智慧图书馆建设中的重要地位和价值。

五是用户隐私保护。国外制定智慧图书馆的服务标准重视用户的隐私保护，制定了相关的细则，如用户的信息收集限制、隐私保护政策等。

综上所述，国外图书馆服务标准的制定融入了智慧的元素，这也为智慧图书馆的发展提供了有利的标准规范支撑。它要求智慧图书馆在构建的过程中，要注重用户和多元文化的参与，注重泛在资源环境的利用，更重要的是加强对用户的隐私保护。

2. 国内图书馆服务标准

经过文献调研及相关网站查询，国内图书馆服务标准规范主要有《普通高校图书馆评估指标》和《公共图书馆服务规范》两种类型，其服务内容主要涉及以下几个方面。

一是泛在资源保障方面。推广基于互联网、云计算、人工智能等为手段的数字资源服务，并通过流动图书站点、预约借书系统等的设置，来实现图书馆泛在资源的保障。

二是个性化主动服务保障。制定以个人、企事业单位等为主要服务对象的针对性服务标准，以指导个性化服务实践的开展，这势必会成为图书馆智慧化建设中的重点方向。

三是多元文化自助服务保障。现阶段我国图书馆服务标准已经对图书馆培训、讲座、自助借还等服务标准提出了明确的要求，这将初步形成我国图书馆智慧化建设在自主服务、多元文化服务以及用户隐私保护等方面的基础。

综上所述，我国图书馆服务标准的制定融入了先进的服务理念，通过对国外理论标准规范的借鉴，结合图书馆自身发展的实际情况，有针对性地制定了智慧服务标准规范，增强了标准规范的可操作性。

3. 我国智慧图书馆建设中技术标准选取策略

技术的不断创新发展是图书馆不断走向智慧化的重要动力，结合现有国内外图书馆服务技术标准，我国智慧图书馆建设主要采取基础设施层建设、资源管理层建设和应用服务层建设相结合的技术标准策略。

在进行基础设施层建设的时候主要采用无线射频识别技术，并采用 UHF-RFID 相关标准规范，实现了馆藏资源的最大兼容性，为用户创造了互通、开放和个性的服务。

在进行资源管理层建设的时候主要采用元数据构建，完成图书馆资源的描述与检索，从而实现图书馆资源的有机整合。在这个过程中，要结合国内外最新标准规范，尤其是国际标准，有效整合各类资源，实现图书资源的国内外互通，为用户提供便捷、“一站式”服务。

二、图书馆智慧化建设的必要性

（一）图书馆智慧化服务的创新体现

1. 服务创新理念

图书馆的智慧化建设在很大程度上展现了图书馆服务理念的创新，实现了对图书馆功能和角色的创新，体现了共建融合的发展理念，为用户提供了多样化和个性化的服务模式，实现了图书馆创新可持续发展，具体表现在以下几个方面。

一是以用户为中心，体现以人为本。智慧时代强调“以人为本”在整个社会建设和运行中的顶层设计，因此，在智慧图书馆的构建中注重用户的智慧参与，智慧图书馆服务建设也坚持以用户为中心，以凸显个人价值和公允价值的塑造。

二是让用户享受泛在服务。智慧图书馆的高度智能化技术为图书馆的泛在化服务提供了技术支撑，在智慧时代，智慧技术就和传统的文字一样，已经深入融合到人们的生活中。

三是融合促进图书馆服务资源的共享化、集成化和交互化。图书馆传统的分割服务体系是导致用户流失，让图书馆服务失去存在意义的根本所在。在图书馆的智慧化建设中，技术接近为信息资源的共建共享提供了可能。

四是图书馆的智慧化建设以最小成本和投入实现效益最大化，这是图书馆智慧化发展的必然趋势——以更低的成本保证了图书馆的绿色、高效、持续运行。

五是安全可靠，在智慧图书馆的建设中要注重用户隐私和信息安全问题的建设。伴随着大数据和智能技术的深入发展，用户的信息安全和隐私问题也越来越受到关注，需要图书馆在智慧化的建设中建立完善的用户信息安全机制。

2. 服务创新内容

智慧图书馆建设的服务创新理念，主要体现在信息技术服务、空间服务和知识服务三个层面。

信息技术服务的创新主要是指基于云计算技术、物联网、移动通信技术的服务创新。早在2003年，芬兰大学的一个图书馆就提出了将学生的位置信息融入图书馆的服务，由此可见，图书馆的智慧技术为智慧图书馆的建设提供了可能，为图书馆的服务建设创新提供了服务内容和方式的支撑，实现了图书馆的服务创新和突破。

空间服务的创新主要是对图书馆空间场所进行创新，从侧面说明图书馆作为场所的价值不可忽视，体现了图书馆智慧化建设的人本性和活力性。通过智能化、综合化和创新型图书馆功能的塑造，丰富了图书馆空间服务的载体和平台，是智慧图书馆建设的重要内容之一。

知识服务的创新强调知识服务的系统、专业、持续、全面和前沿。在图书馆的智慧化建设中，图书馆要结合用户的信息需求和所处的信息环境，为用户提供以搜集整理、分析整合等为基础的知识服务。其服务面向用户，面向问题的解决，不但体现出泛在化和增值化，同时也展现专业化和个性化，为图书馆智慧化建设的核心竞争力。

3. 服务创新方法

图书馆的智慧化建设要结合用户信息需求进行具体构建，在构建的过程中可以采用以下创新方法。一是基于原有服务和空间的改造创新。从新的维度全方位定位图书馆的功能，实现图书馆服务功能的再造与创新，对现有图书馆的空间和服务进行优化改造。二是新技术的应用拓展了服务。物联网、云计算技术、移动互联网技术的应用，实现了图书馆的全面感知、立体互联，在很大程度上拓展了图书馆的新服务。三是合作共建实现了效益的最优化和最大化。立足于图书馆的现有资源和技术，与利益相关者开展有效的合作，实现馆内资源和馆外资源的有效整合。

（二）图书馆智慧化建设的必要性

图书馆的智慧化建设为图书馆的服务创新建设提供了新的发展机遇和思路，

也是现代图书馆成功转型的必要路径，具体表现在以下几个方面。

1. 更好地满足了用户的信息需求

随着图书馆用户教育背景的丰富以及专业背景的提升，用户对信息资源的需求越来越倾向于多样化和全面性，既要求资源内容的交叉整合，又要求资源服务的主动性和交互性，传统图书馆的服务模式已经无法满足用户的信息行为和需求，这在很大程度上促进了图书馆的智慧化发展进程。图书馆的智慧化发展满足了用户的个性化需求，在智慧时代的背景下，用户的个性化需求日益凸显，而图书馆的智慧化发展对知识结构、用户个性等提供了服务的场景，满足了用户的个性化需求；图书馆的智慧化建设实现了服务的多元化，在开放融合的智慧时代，无论是在服务方式上，还是在服务内容上都是多元的。图书馆的智慧化发展创新了服务内容和方式，如多样的文献载体和检索方式；图书馆智慧化建设提供了“懒人化”的资源利用方式，智慧技术的出现为图书馆资源服务提供了高效、便利的可能性，使用户对碎片时间进行充分利用；图书馆的智慧化发展提供“专深化”的资源服务，除了提供传统的文献检索与传递以外，还可以向用户提供动态的学术和趋势；图书馆的智慧化发展满足了用户的即时化需求，用户可以在任何时间和任何地点查阅图书馆信息资源与信息服务获取。

2. 弥补了现行图书馆服务模式的不足

现行的图书馆服务模式主要是传统图书馆与数字图书馆相结合的形态，主要存在以下四个方面的不足。一是大众化服务模式使服务缺乏针对性和“专深化”。二是以实体馆藏资源为主的被动化服务模式与现代即时化、个性化的特征需求相违背。三是单一的服务模式导致服务深度和价值的不足。四是分散式服务模式大大降低了资源的获取与使用效率。图书馆的智慧化发展在很大程度上弥补了现阶段图书馆服务的不足，个性化服务与主动服务受到高度重视，从而最大程度地实现了资源与服务的有效整合与集成。

3. 实现转型与超越助力智慧城市建设

图书馆智慧化建设是服务模式实现转型与超越的需要。在智慧化时代，传统图书馆的信息服务功能被逐渐弱化，图书馆实现创新转型变得尤为重要，而图书馆智慧化建设为用户的新信息需求注入了活力、提供了新思路。同时，基于图书馆的智慧化建设为智慧城市建设提供了有力的支持，作为智慧城市的重要组成部分，智慧图书馆的建设可以为智慧校园建设提供泛在的智能学习环境支持，有效地助力智慧城市的建设，进一步丰富社会的文化氛围和活力。

第四章　图书馆智慧化建设的策略

一、图书馆智慧化建设需要明确的问题

（一）明确功能定位

1. 传统图书馆的功能

传统图书馆的功能定位为文化功能、社会功能、服务功能和终身教育功能。传统图书馆是知识和文化的重要载体，承载着借阅、研究成果展示及分类保存的文化功能，同时也为社会的和谐发展提供各类信息，引导良好社会阅读习惯的形成，因此具有社会功能。传统图书馆主要为用户提供图书、环境、设备、信息资源等服务，其服务水平的高低关乎了用户的满意度，因此服务功能是一个十分重要的功能。随着知识经济时代的到来，人们对知识的需求日益增多和强烈，为了满足用户对知识的多元需求，图书馆的辅助性再教育功能得以体现，促进了终身教育理念的深入发展。

2. 图书馆智慧化建设中功能重新定位的必要性

在图书馆智慧化建设中，用户对图书馆的功能需求提出了更加多元化、高质量的要求，尤其是随着智慧城市的不断推进，使得智慧图书馆的建设成为现代图书馆发展的重要战略，并针对智慧图书馆的建设提供了相关的法律法规和政策。在这种新的发展背景和机遇下，图书馆需要对自身的功能定位进行不断的补充与调整，以助力智慧城市和智慧经济的建设。

与此同时，图书馆智慧化构建对于我国文化知识的普及和文化软实力的提升具有十分重要的作用。伴随着知识经济时代的到来，一个国家国际竞争力的提升更多的是依靠国家整体综合实力的提升，要充分发挥现代图书馆的文化建设软实力，就需要不断审视自己的功能定位，充分满足新时期的文化发展需求。

3. 图书馆智慧化建设中功能再定位的依据

（1）图书馆评估标准

图书馆评估标准在图书馆智慧化建设中发挥着重要作用，它是图书馆开展工作的方向和目标。随着图书馆学理论和实践研究的不断深入，我国图书馆评估体系在不断地完善，以个性化、高效性、共享性为目标的图书馆评估标准体系正在逐步形成。

（2）物联网的发展和应用

物联网的发展和应用突破了人与人、物与物、人与物之间的界限，使其联系更加紧密，图书馆通过广泛地应用物联网技术，实现了高效运营。在新的智慧技术下，信息需求增加，社会信息环境升级，知识创新意识空前高涨，文化影响力逐渐扩大，在这种情形下，图书馆应该对自身智慧技术下的功能价值进行重新定位。

4. 图书馆智慧化建设中的功能定位与拓展

（1）良好信息环境的创造者

在图书馆智慧化建设中，图书馆的价值功能不仅局限于文化的传播，更表现为信息的集散地。因此，智慧图书馆需要具备对资源信息的加工处理功能，引导社会环境的良好发展。一要具备信息重组集成功能。随着智慧技术的不断深入，智慧图书馆面临的用户数量不断增加，信息数据也不断增长。智慧图书馆不但要具备纸质资源保存、文化培训、数字化资源构建等功能，而且还要为用户生活所需进行大量的信息收集，如生活信息指南，为家长提供儿童才能培训信息，为毕业生提供就业咨询和引导，以保障最新的成果可以及时传输给民众。在这种以信息获取速度和质量为先的智慧环境下，图书馆要想提升自己的服务特色和增加用户的黏度，就需要具备一定的信息重组集成功能，并通过分类整合来打造智慧图书馆的信息池。二要具备信息精准化功能。互联网技术和人工智能技术的深入发展使图书馆的纸质阅读量减少，电子资源的需求呈指数式增长。在这种情形下，图书馆既要对一些优质的特色纸质文献资源进行择优保留，又要加强数字资源的整合建设。这需要智慧图书馆具备信息精准化功能，以实现对海量资源的分析和整理，从而加强信息资源的流转速度和利用效率。

（2）学习型社会的引领者

图书馆在增加社会创新、提升国民整体文化素养方面发挥了重要作用，网络信息技术、全媒体技术的发展使人们越来越重视利用网络碎片化信息的重要性。但是，随着知识经济的深入发展，网络碎片化信息已经不能满足深层次的工作、学习和生活需要，而且容易误导用户的理性判断。在这种情形下，图书馆在智慧化的建设中需要积极主动地向网络信息系统化转变，对信息进行全面系统的整合显得尤为重要。不但要提升信息资源的保存和展示，还要提升信息资源的利用效率。在推动我国社会逐渐向知识创新型社会的转变过程中，智慧图书馆扮演着十分重要的学习引领者的角色，这就需要其具备以下两个方面的功能。一是知识与信息素养教育功能。智慧图书馆建设是在网络信息等智慧技术下的一种新型建设形态，传统图书馆的被动疑问解答、图书推荐、参考咨询等功能无法引起用户的关注，导致图书馆的潜在功能价值无法得到发挥。在智慧环境下，信息量实现了指数式的增长，对用户的信息梳理和辨别能力提出了较高的要求。作为社会公共文化服务体系的重要一员，在信息爆炸式增长的背景下，图书馆应该肩负起普及教育信息素养知识的职能，不断提升用户的信息素养能力，帮助用户科学合理地获取、识别、处理、传播、创造信息。首先，要加强信息素养知识的宣传和指导，从意识层面提高用户对信息素养的重视度。其次，要加强信息素养知识的培训，通过组织实践培训活动，让用户了解信息资源的获取方式，从而不断提高用户的信息实践运用能力。二是智慧服务功能。智慧服务功能是智慧图书馆的特色优势所在，如智能借还、智能检索等，以保证用户平等地获取信息资源。在智慧时代背景下，图书馆要为用户提供“一站式”的智能服务。基于大量用户数据信息的基础上，智慧图书馆可以为用户提供人脸识别的图书智能推荐，并自动开启图书馆藏导航，可以帮助用户进行书籍的自动查找，可以自动记录用户的阅读速度和时长等，这些都体现了新时期图书馆智慧发展过程中的智慧服务功能。

（3）社会科技创新的开发者

科技创新对社会的发展有着积极的促进作用，在知识经济发展的今天，社会科技创新成为社会进步的重要力量。在社会科技创新的过程中，文化发挥了十分关键的作用。图书馆作为知识资源储备的重要场所，要加强对科技创新成果的储备，积极开展创新教育，助力社会的不断进步。在这种背景下，图书馆的智慧化发展需要具备科研中心功能和异构资源结构化开发功能。

现阶段，国内科研创新的主要产出机构是高校和科研院所，这些机构的科研人员主要根据自己的学术交流圈来获取所需要的数据，图书馆目前还未针对科研创新开展专项服务。但是，图书馆对民间研究的支持作用是不可忽略的，一些社会研究学者基于自身的兴趣爱好展开个人研究，但是由于自身的专业性弱和缺乏系统的培训，其研究成果很难成功，急需图书馆给予一定的支持和培训，如通过安排相关专家进行面对面的专业指导和远程视频。除此之外，图书馆利用智慧系统还可以为研究人员提供前期调查数据信息和后期实践验证数据信息，支持学者对特定问题进行研究等。图书馆作为知识集聚的中心，通过知识的不断积累来实现创新，而科研的本质就是一种科学的创新。因此，在图书馆的智慧化构建中应用自身优势条件增加社会整体创新能力。

作为文献信息资源的聚集地，图书馆包含了各种类型的文献资源，众多的文献信息资源由于形式多样，内容质量信息混杂，大大增加了民众利用信息的难度。为了帮助用户进行相关资源的深度交流和传递，图书馆需要对各类知识资源进行一定的梳理和整合。这就需要借助一定的智慧技术，实现对诸多异构数据的深度挖掘和开发，并通过结构化分析和整合，为用户提供更具有针对性和专业性的服务。在这个过程中，智慧图书馆的异构资源结构化开发功能得以展示，通过按照类别建设虚拟结构化图书馆可以使原本混乱的信息有序化，这对图书馆的数据处理发挥着关键作用。

（4）公众文化认同的深化者

文化是一个民族的灵魂所在，在智慧图书馆模式下，图书馆文化传承的影响力得到了进一步的提升，有利于我国民族文化的不断传承。在这种背景下，智慧图书馆的价值功能应该体现多元化、分层次教育，如根据年龄不同划分为儿童、青少年、中年图书馆，更有根据学科不同划分为理工类、科技类、财经类的图书馆等。在公众文化认同的深化者功能定位下，每个用户都是一座图书馆，用户通过借助图书馆的知识服务不断充实自我，不断构建自己的文化认知和知识体系，每个用户对知识的记忆和理解都会形成一个独一无二的个人图书馆。而且，随着图书馆电子资源的不断增加，用户可以在不同的客户端进行图书的选择和收藏，并构建出一个基于自身需求、行为喜好的个人图书馆。随着个人图书馆的不断发展，社会文化会得到不断的创新，具有公众文化认同感的社会氛围也会变得更加浓厚。

（5）资源泛在化的服务者

在智慧图书馆模式下，图书馆的各种场景相互联系加强，使用户在进行资源利用的时候进入了一种全面感知的状态。智能感知作为智慧图书馆信息感知和处理的核心，泛在的互联互通使图书馆分散的资源、用户、终端紧密地联系在一起。在这种情形下，智慧图书馆的多维空间智能互联功能得到充分地体现，打破了地域和行业的限制，实现了多元化服务体系的构建和跨领域的合作，在这个过程中会产生大量的数据，对这些大数据进行集中统一分析并根据分析结果可以为用户提供更多有利的学习信息，从而促进智慧图书馆的加速运转。

在图书馆的智慧化建设过程中，图书馆与其他行业的深度协同共享功能得到进一步的提升，实现了智慧图书馆的跨媒体、互动性和多平台发展。如图书馆借阅平台与讨论平台的结合，可以激发用户对图书的阅读热情和好奇心，并为用户提供更加符合需求的图书资源。

（二）明确路径模式

1. 智慧图书馆建设的功能目标

智慧图书馆建设的功能目标主要有以下六个目标：一是提供个性化精准服务。在智慧图书馆的构建中，注重用户行为属性的收集与分析，充分彰显了以人为本的服务理念。在这种理念的引导下，智慧图书馆更加注重对用户的个性化精准服务。二是实现图书馆的智能化管理。在智慧图书馆的建设中，应用了大量的智慧技术和设备，这些智慧技术和设备的应用可以实现智慧图书馆的高效、高质发展。三是提升图书馆馆员综合素质。馆员作为智慧图书馆建设中的重要管理者，其自身素质的高低直接关乎智慧图书馆建设的质量和水平，因此，在智慧图书馆的建设中，提升图书馆馆员的信息管理和资源管理素质十分重要。五是实现图书馆设备的立体互联。图书馆的设备是智慧图书馆建设的重要基础设施，在智慧图书馆的构建中要重视馆内设备技术的升级，为智慧图书馆的建设奠定良好的基础。六是加强数据资源的转化性和连接性建设。在智慧图书馆的构建中，数据资源是关键性资源，如何对这些数据资源进行充分的利用，需要对这些数据资源进行丰富形式的转换，以满足更多用户的不同需求。

2. 智慧图书馆发展路径分析

图书馆发展历史十分久远，早在周朝时期图书馆就已经出现，如“藏书楼”“天一阁”等都是图书馆的雏形，那个时期的图书馆更加注重私人的储藏，图书馆的知识传播和服务功能未能得到充分地发挥。而纵观我国图书馆的发展历史，其大致经历了传统—数字—智慧三个过程。

在传统图书馆阶段，图书馆的发展核心技术是以印刷、造纸等为代表的手工技术，以纸质文献为主，为用户带来视觉上的体验。这个时期的图书馆受到空间的限制，服务也比较被动。因此，不但发展效率低，而且还会造成书籍的磨损。

在数字图书馆阶段，图书馆的发展核心技术是以计算机网络为代表的信息技术，主要以电子资源为主，为用户提供视觉、听觉体验。这个时期的图书馆以数字虚拟空间为主，受时空的限制，忽略了图书馆使用场景的建设和使用体验的感知建设。

在智慧图书馆阶段，图书馆的发展核心技术主要是以虚拟现实、智能机器人等为代表的智能技术，从纸质和数字两个方面对文献资源进行构建，为用户提供多感官的体验。这个时期的智慧空间虚实结合，不受时空的限制。而且，虚实空间的建设可以为用户产生一种潜移默化的影响力，使每位用户在这里都可以得到个性化的体验。

3. 智慧图书馆的生态模式构建

生态模式是一种可持续循环的发展模式，智慧图书馆的生态模式主要包括资源、人和环境三大要素，这是智慧图书馆实现智慧化调节、自动感知、个性化服务的重要发展模式。丰富的资源形式和服务形式是智慧图书馆的构建中的重要资源要素，馆员和用户是智慧图书馆重要的人员要素，而实体和虚拟环境是智慧图书馆得以发展的环境要素。以下对这些要素进行更深一步的细化，以进一步明确智慧图书馆的生态构建模式。

（1）人员要素构建

互联网经济的发展改变了传统的以产品推销为核心的商业局面，促进了以用户为核心的新模式产生。随着融媒体和短视频的兴起，以网红为代表的营销手段在口碑传播中发挥了越来越重要的作用。网红凭借自身的人格优势，实现了与粉丝精神上的连接，而这些粉丝在发展过程中往往就会成为核心用户。在智慧图书馆的构建中，如何把图书馆的用户发展成为超级粉丝？可以基于互联网在流量和人格上的魅力，打造智慧图书馆网红。而一个图书馆要想形成自己的独特魅力，首先要构建出自己的标签和风格，利用泛娱化的大众媒体，聚焦时代热点，增加与用户的互动，提升用户对智慧图书馆的亲近感，从而逐渐提升智慧图书馆的影响力。

针对用户层面，要强化用户信息的管理。通过加强对用户信息的收集管理，为用户后期的智慧服务提供基础支撑。同时要增强用户的参与感，在图书馆的智慧化构建中要为用户创造一个需求表达渠道，收集用户对智慧图书馆的建设需求，不断完善智慧图书馆的功能建设。

针对馆员层面，要与时俱进，树立创新的思维理念，不断增强馆员的服务意识。同时，要不断提升馆员自身的综合素质和业务能力，适应智慧环境下的技术和管理需要。

（2）资源要素构建

随着互联网的快速发展，以原创内容为吸引力的时代正在崛起，智慧图书馆如何构建出具有持续吸引力的资源内容是一个非常关键的问题。一方面需要原创内容可以利用现有的社交媒体进行传播分享；另一方面需要原创内容具有一定的层次感，通过两方面的结合来提升原创内容的可转化性和辨识度。如图书馆文字资源与视频资源的连接，可以使信息资源的层次感更加丰富。利用抖音、快手等短视频媒体进行科学常识普及、个性图书推荐，为不同用户群体提供个性化服务。

（3）服务要素构建

服务要素的构建在很大程度上可以提高智慧图书馆的影响力，实现图书馆的商业化运营。在图书馆的智慧化建设中，要增强用户的参与感。首先，需要建立自己的自媒体平台，借助自媒体平台定期进行知识的回答、新书的推荐以及相关资源专题活动。其次，图书馆在场馆设施上要营造特色场景和氛围，如儿童亲子教育、老年人养生讲座等，吸引不同群体的用户。

在进行智慧图书馆服务要素构建的时候，要加强对流量的关注，它在很大程度上可以解决图书馆智慧化建设中资金不足的情况。一提到图书馆，我们就想到其是国家财政支持的公益机构。然而，图书馆的智慧化建设仅仅依靠国家财政的资金支持是不够的，实现自身的智慧化升级需要大量的资金支持。因此，借助流量实现图书馆的商业运营是十分重要和必要的。在图书馆的智慧化构建中可以通过与某商业机构进行合作来实现图书馆的盈利，如专题网上书店、网络广告等，不但可以为图书馆带来建设资金，而且扩展了智慧图书馆的服务项目。

（4）空间要素构建

场景要素的构建可以强化物与景的联系，如“团圆”是对汤圆这一产品设定的使用场景，在元宵节我们会吃汤圆，就把元宵节和汤圆联系在一起了。在智慧图书馆的建设中也需要构建这种场景，引发用户的接受度和认同感，吸引更多的用户。与普通产品不同，在进行智慧图书馆场景构建的时候往往从视觉和故事两个维度入手，在视觉上通过增加针对不同社会群体的知识服务模块，把不同需求的用户带入到指定的场景中。在故事上从用户的记忆、情感等方面入手，来唤起用户的共鸣。

（三）明确技术地位

科学技术的进步改变了人类信息获取、交流的手段，图书馆作为信息发展的集中地之一，在大数据、云计算、人工智能的浪潮下，图书馆的服务内容和服务方式得到了更多的转变，智慧图书馆的多元服务模式已经形成。

1. 智能型智慧图书馆的技术服务模式

智能型智慧图书馆服务模式主要依托人工智能技术完成多种智慧服务内容，如人脸识别技术、区域链技术等。

人脸识别技术是生物技术与计算机技术进行融合的一项重要成果。在进行该技术应用的时候，首先要通过人脸检测出人的脸部特征并分离出存在的面相。其次要对分离出的面相信息，如大小、位置等进行动态跟踪。最后要把库存面相与新采集的面相进行比对。人脸识别技术由于易获取、安全性高、非接触等特点受到了各领域的广泛关注。人脸识别技术在智慧图书馆中的应用主要体现在以下三个方面。一是门禁系统应用。应用于门禁系统可以严格控制进馆人员，保障进馆人员身份的真实有效性。不但精准识别率高，而且避免了传统刷卡进入的冒用现象和指纹进入的不卫生、不快捷现象，大大提升了智慧图书馆的服务质量和效率。二是图书借阅系统。人脸识别技术规避了传统借书卡借阅所存在的各种风险，如借阅卡的丢失造成图书归还的超期，在很大程度上提高了馆内文献资源的利用率。通过人脸识别技术在移动终端设备的应用，用户可以随时随地完成图书馆的借阅功能。三是座位预约系统。人脸识别技术应用于图书馆的座位预约系统，可以实现对图书馆座位和用户信息的实时监控和跟踪，既为图书馆座位位置的合理布局提供了数据支撑，又可以帮助用户随时随地了解图书馆内的座位空余情况，大大提升了智慧图书馆的座位利用率。综上所述，人脸识别技术应用于智慧图书馆主要表现在对用户的身份识别上，有效地避免了指纹识别、词卡识别等带来的易伪造、易丢失的风险，大大提升了图书馆服务的精准性和安全性。但是，在应用人脸识别技术的时候，不但需要对系统设备进行一定的要求，而且需要对周围的环境、光线等做出一定的调整，以提升人脸识别技术的价值性。

区域链技术可以有效解决资源的分布式管理和资源共享。区域链的本质是一个去中心化的共享数据库，这种数据库的结构由于是一种链式结构，在很大程度上保证了数据的稳定性和不可伪造性，为图书馆的管理和服务开展提供了新的技术模式。随着图书馆电子资源的增多和加深，对图书馆技术设备和服务提出了更高的要求。将区域链技术应用于图书馆领域，有利于图书馆资源由共享向聚合转变，为图书馆用户营造了一种更好的良性信任机制和安全环境。一方面区域链技术应用于图书馆资源建设，可以实现对资源和用户数据的分布式存储与处理，为用户和资源之间的联系构建安全桥梁，同时，区域链的防篡改性可以有效地保护知识产权和用户隐私；另一方面区域链技术的应用促进了图书馆用户的交流和阅读活动的推广，在充实活动内容的同时，聚集群体智慧。综上所述，区域链技术在优化图书馆服务模式、应对图书馆服务内容复杂性方面发挥了积极的作用。但是，区域链在智慧图书馆中的应用还处于理论阶段，相关技术标准还未形成，实践案例还比较少，还有待进一步完善。

物联网技术运用于智慧图书馆实现了图书馆各要素的互联互通，它的整体感知、可靠传输等功能大大提高了图书馆的工作效率。物联网技术在智慧图书馆的功能价值主要体现在以下四个方面。一是传感器、定位系统、射频识别等的应用实现了资源信息的有效感应，体现了物联网“感”的功能。二是网络、传感设备的广泛联结实现了人、机、物的自由传输，体现了物联网“联”的功能。三是无线射频识别技术的运用实现对图书资源和周围环境的感知，体现了物联网“知”的功能。四是物联网技术的应用实现了对用户需求、管理需求、图书资源的有效控制，体现了“控”的功能。综上所述，物联网技术的应用改变了传统图书馆服务的被动服务模式，实现了图书馆管理系统的双向互动和自主连接，使用户可以自主获取图书，积极主动地参与到智慧图书馆的管理中。但是，在智慧图书馆的构建中，应用物联网技术需要较大的资金投入，较强的软件支持，这也是智慧图书馆建设中需要重点关注的问题。

2. 知识型智慧图书馆技术服务模式

知识型智慧图书馆服务模式主要从资源的角度对图书馆服务内容进行优化。对知识的挖掘、加工和关联需要一定的技术支撑，在知识型智慧图书馆服务模式的构建中经常应用的技术有知识挖掘技术和关联性学习技术两种。

知识挖掘技术主要是对知识数据信息进行有效识别，使知识产生的效果更加明显。知识挖掘技术主要围绕用户的需求开展个性化的文献资源服务，并通过建立目标数据集、确定应用领域、更新知识库等对知识数据信息进行提取和重组。首先，通过对检索要求的分析来进行用户的显性需求分析，并进行相关知识的挖掘。同时，要通过相关显性需求分析来进行用户隐性需求的判断和推理，以不断完善检索内容，提升检索功能价值。其次，要结合用户的资源利用喜好，及时向用户推荐最新资源和热门信息，帮助用户建立知识图谱，同时也有利于特色图书馆资源库的形成和建设。最后，要利用知识库的构建为用户提供参考咨询服务，帮助用户快速匹配资源、获得所需资源。综上所述，知识挖掘技术的应用可以解决信息急剧增长带来的信息杂乱、无序化现状，有利于图书馆良好互动模式的形成。但是知识挖掘技术的有效实现要依赖稳定的技术系统，要依托多种技术的协调配合。

关联性学习技术在智慧图书馆中的应用实现了知识资源的广泛连接，多元主体的参与，知识信息之间的互动交流，大大提升了用户学习的广度和深度。关联性学习技术的应用主要是从知识构建的角度去革新用户在智慧图书馆模式下的学习方式，主要包括知识关联、学习者关联和学习过程关联。知识关联主要是知识与知识之间形成的隶属、交叉、等同的价值关系，通过各种知识点的广泛互联，形成网状的关系结构，如知识图谱就是一种可视化的知识关联结构。学习者关联主要是利用研讨室、自修室、书友会等活动构建的图书馆用户与用户之间的交流通道。学习过程关联主要包括专家讲座和学术论坛等，主要实现用户与学习者之间网络的构建，从而形成智慧图书馆智慧化的服务模式和知识沟通方式。综上所述，关联性学习打破了单一的线性知识获取模式，清晰了学习目标，拓展了学习范围，大大提升了智慧图书馆的交互性和复合性，也对智慧图书馆馆员的能力、智能设备的升级以及文献资源的建设提出了更高的要求。

3. 需求型智慧图书馆的技术服务模式

需求型智慧图书馆的技术服务模式主要从用户的需求出发，结合用户的阅读习惯和利用趋势，为用户提供智慧化服务，其技术服务模式主要有用户行为分析技术和用户交互技术。

用户行为分析技术应用于智慧图书馆可以通过对用户的使用时间、位置、习惯等进行数据分析，通过分析来发现用户的使用规律，预测用户的使用趋势，同时也可以对智慧图书馆运行过程中存在的问题和不足及时进行发现和改进，对图书馆服务内容的升级有着十分重要的价值和意义。无论是在传统图书馆管理中，还是在现代图书馆管理中，用户行为分析技术都是十分重要的。传统图书馆的用户行为分析技术应用比较简单，主要对用户的入馆数量、时间、借书数量等进行简单的分析，服务质量具有一定的局限性。随着智慧技术的不断应用，各种智能设备被应用到图书馆的数据采集中来，使图书馆的数据采集更加便捷、多样，也更有利于图书馆精准分析用户的阅读需求和行为趋势。现阶段，用户行为分析技术应用于智慧图书馆主要表现为对用户各类数据的收集、行为的构建和需求数据的构建。综上所述，用户行为技术分析主要是对用户的阅读情况和偏好进行分析，有利于对用户的阅读趋势进行竞争预测，逐步改善馆藏结构，指导阅读的推广。但是，在应用用户行为分析技术的时候需要清晰明确的数据使用规则和更高水平的设备，以提升用户行为数据分析的准确性。

用户交互技术应用于智慧图书馆可以实现图书馆资源的宣传推广和经验分享作用，进一步扩大图书馆活动的影响力和范围。在智慧图书馆模式下，泛在的智慧化环境为用户多样的交互条件和方式提供了便利。用户交互技术在智慧图书馆中的应用主要表现在以下几个方面。一是空间布局上的用户交互。在智慧图书馆建设的过程中，空间布局更加合理细致，不但有传统图书馆的书架陈列区、阅读学习区，还为用户提供了用户体验区、精品展示区、研讨交流区等，在空间布局方面更加考虑人性化和实用性需求，而且空间范围种类的多样化发展在很大程度上满足了用户的各种交互式需求。二是技术设备上的用户交互。在智慧图书馆模式下，导航服务、联机检索、智能咨询等为用户的交互提供了强有力的辅助支撑，实现了用户的自主智能交互。三是线上互动的用户交互。在智慧图书馆服务模式下，为用户提供了更多跨时空的线上交流方式，如微博、论坛等，使用户随时随地可以获取自己所需要的图书馆资源信息和服务，自由组建图书馆资源交流活动。四是线下活动的用户交互。在智慧图书馆模式下，图书馆馆员了解用户的渠道更加多样化，对用户的需求定位也更加精准，可以更加广泛地为用户组织各种线下交流活动，如展览、讲座，以提升用户的线下体验感。综上所述，用户交互技术在图书馆的应用实现了图书馆资源的无障碍分享和交流，不但使图书馆资源得到了充分的利用，而且有利于图书馆馆员对用户的反馈及时做出服务内容的调整，满足图书馆智慧化发展的需要。但是，在交互的过程中，交互的质量和用户的权益需要相关部门及人员进行把控。

4. 人文型智慧图书馆的技术服务模式

技术条件下的智慧图书馆发展更加体现以人为本的服务理念。更加关注用户的情感需要和行为需要，为用户提供了更加便捷、全面、创新的资源获取方式。人文型智慧图书馆的技术服务模式主要从人文的角度对图书馆的服务模式进行构建，其主要运用的技术手段是情境感知技术和移动阅读技术。

情境感知技术应用于智慧图书馆可以大大提升图书馆的服务质量和效果，其主要借助传感器、计算机等信息设备实时感受用户的情感真实状态，使图书馆具备智能化感知的能力。随着图书馆的智慧化发展，图书馆的服务内容和类型都得到了很大程度的提升，在这种情况下，要想提升图书馆的服务效果和状态，全面科学地应用情境感知技术是十分重要和必要的，一是可以实现图书的位置、状态感知，实现图书的更新和补订。二是可以实现用户的借阅、座位感知，为用户提供个性化推荐。三是可以实现环境的温湿、消防感知，实现环境的优化。这种情境感知技术的实现模式首先要通过感知系统与图书馆管理系统的对接，将情境感知技术嵌入图书馆的座位系统、借阅系统以进行相关资源信息的实时监控，除此之外，将感知系统与消防、温控等系统进行融合，形成一个智能交互系统，为用户提供更加优良的环境氛围和情境感受。综上所述，情境感知技术在智慧图书馆中的应用大大提升了图书馆服务的精准化和个性化，符合图书馆智慧化发展的趋势。但是，要想获取精准的整体感知，就要对传感设备的灵敏度进行提升，以保障感知获取的精准性。

移动阅读技术应用于智慧图书馆符合现阶段用户的阅读倾向。移动阅读具有一定的便捷性、广泛性和随时性，图书馆应用移动阅读技术可以有效地实现图书馆信息资源的传递、收集和整理。移动阅读技术应用于图书馆主要表现为个性化的信息推动、丰富的电子资源、快速的自助服务，移动终端的使用，打破了传统纸质阅读习惯，需要图书馆建设大量数字化资源供用户在移动设备上进行使用 。图书馆要对馆藏结构和资源进行积极调整，依托移动技术和智能化移动设备对信息资源进行有机整合，为用户提供最新的信息内容。同时，要借助移动技术后台对用户的资源使用行为数据进行动态收集和分析，以精准把握用户的资源利用效率、习惯和趋向，从而构建更加优质的自主服务模式，为用户提供更加便捷、智慧的移动资源信息服务。综上所述，移动阅读技术使图书馆服务随时随地的存在，满足了用户碎片化阅读的需要，使用户可以体验更加多元的阅读服务。但是，移动阅读模式下，由于数字化信息的数量多，质量存在差异，在管理过程中需要制定使用规范和标准，提升服务的质量性，保障用户信息的安全性。

5. 智慧图书馆技术服务模式的发展趋势

一是构建云服务平台，提高技术的集成应用能力。技术的发展为图书馆智慧化功能的发挥提供了更多的可能，为了使图书馆各个系统和功能实现互通协调，就要提高技术的集成应用能力，充分发挥不同技术的功能优势，并通过各种技术的协调配合来提升图书馆整体的技术竞争优势。智慧云服务平台是可以实现多系统并行处理的大数据管理平台，其存储量大、功能健全、运算速度更快。可以从用户的需求出发，重视对用户的服务，通过综合集成平台的构建，为用户提供更具特色、更加完整的一体化服务。在智慧云服务模式下，用户可以体验共享、开放的服务氛围，各种技术的协调配合，使图书馆的服务功能得到充分地发挥。

二是充分发挥智慧服务，形成综合性的服务模式。在现阶段的图书馆智慧化建设中，图书馆的智慧服务还存在较强的独立性，这也从侧面反映出各智慧技术之间缺乏一定的协作配合，导致智慧图书馆的整体服务功能和价值还未得到充分发挥。由此可知，智慧图书馆要充分利用和整合现有技术条件，实现用户、资源、设备、馆员、空间等一体化服务模式的形成。一方面，要通过广泛的互联和物联准确传输各类数据信息，实现图书馆各管理设备的协调合作，构建智慧化的自主设备服务模式；另一方面，要通过深度挖掘和精准传感完善图书馆的文献资源，形成多样化、立体化的知识关联网络。同时，要运用专业数据分析工具，对用户的文献资源需求进行精准挖掘，构建有效的用户需求数据库，实现对用户的针对性、个性化服务。

三是制定行业数据相关规范，提高用户隐私保护能力。在利用新技术对图书馆获取数据和使用数据进行挖掘的时候，也存在一定的数据安全风险，为了保证用户的个人隐私制定相关的行业数据获取和使用规范是十分重要和必要的。一方面，需要对图书馆数据收集的范围、方式和内容进行明确，主要收集对用户服务有价值的数据，一些涉及用户日常行为的隐私数据要进行过滤和删减；另一方面，图书馆在对用户数据进行采集和收集的时候要秉着公开、公平的原则，让用户具有知晓权，知晓图书馆需要收集哪些信息，收集这些信息的目的等。同时，要提高用户收集信息的透明度，用户对自身的信息具有查看和管理的权利。图书馆要积极开展数据安全培训工作，帮助用户提高信息管理的安全意识。

（四）明确配套需求

在智慧图书馆的构建过程中，面向智库的配套需求保障策略分析是实现图书馆智慧化发展的关键所在，它有利于图书馆数据流程的优化、智慧服务的平衡可持续。因此，在明确配套需求的时候要涵盖政策、图情机构、技术、多元数据等多个层面。

1. 政府政策需求

近年来，随着知识时代的不断深化，国家越来越重视对特色智库的建设，并将其提升到国家发展的战略层面。作为拥有较好实践的智慧图书馆应该主动尝试参与智库建设活动，通过与智库的协同合作实现自身的智能化供给、持续性开发和生态体系建设。在这个过程中，政府要发挥积极的宏观引导作用，要对关键技术的创新给予积极的引导，帮助图书馆积极探索和解决智库建设中数据与服务的保障问题。

2. 图书馆机构需求

智慧图书馆的建设离不开较强智慧数据的支持，图书馆作为面向智库需求的智慧数据服务主体，需要不断强化智慧数据服务意识，不断优化智慧服务模式和能力。这需要图书馆要有意识地建立智库需求模型，满足不同智库的智慧数据服务需求。要跟踪收集智库需求数据，有效组织和管理智库需求数据，以实现智慧性资源与智库需求的互联互通。除此之外，图书馆应该对智库的服务效果反馈和需求认知进行及时收集和处理，实现智慧图书馆服务的科学性和针对性，促进图书馆智慧性资源与服务的创新。

在强化智慧图书馆服务意识的同时，优化图书馆的智慧数据服务结构也是十分必要的。随着图书资源数据的日益规模化和管理技术的日益创新化，图书馆也需要不断地对自身的智慧数据服务管理结构进行优化，保障智慧图书馆服务质量和模式的持续稳定提升。因此，在图书馆的日常管理中要利用智能化技术与方法，以个性化推荐服务和嵌入式服务为主要手段，不断改善智慧数据服务模式实践。

要建立完善的智慧数据服务能力评价体系，更好地实现智慧图书馆的服务创新和决策支持。要构建完善的智慧数据服务能力评价体系，需要对图书馆的数据管理能力、资源配置能力、智慧服务平台建设与应用能力、服务人员支持能力、服务效果保障能力等多个维度进行评价，充分发挥出图书馆的数据资源服务功能。

3. 多元数据保障需求

智慧图书馆开展智慧数据服务的前提条件是建立智慧数据资源体系，需要图书馆以用户需求为导向，充分利用互联网、大数据、人工智能等技术优势，实现对智慧数据的多源采集，为用户提供更多、标准化的智慧性资源。同时，要充分考虑多源数据视域下的合作共建、开放获取，全面开展面向用户需求的智慧数据资源导航，提升图书馆的智慧数据服务能力。

图书馆在加强智慧数据体系建设的基础上，要建立一体化多源数据服务能力评价体系。要加强图书馆、高校、科研院所的合作联系，形成多源数据资源体系。要制定统一的质量要求和标准，建立共享数据智能检索平台，确保各协同主体之间数据传递的兼容性。同时，要建立一个数据网络库，提升对多源数据的利用效率。针对多源数据的利用率和利用效果，要建立反馈评价机制，全面及时地了解用户的体验效果，明确图书馆智慧化管理和服务的方向。

4. 智能技术工具与方法保障需求

作为以技术和数据为主要驱动力的智慧服务模式，图书馆要注重对智能技术工具与方法的运用，满足用户对智慧图书馆智能、高效的服务需求。一方面，要加强现代化数据技术在智慧图书馆中的融合和应用，通过引入虚拟现实、无线射频识别、人脸识别等技术实现智慧性资源与服务的精准化推荐，既促进了图书馆智慧服务的转型与发展，又为用户提供了更具场景化和个性化的智慧数据服务。另一方面，要完善图书馆智慧数据服务平台功能和服务，加大智慧数据服务平台的建设力度，创建多源数据智慧空间和关联技术智慧平台，为图书馆数据资源的创新提供有力的网络基础支撑。在此背景下，智慧图书馆的服务模式应该采用多平台、跨机构、高速存取的协同服务模式，并通过“一站式”智慧服务模式的建设，提升智慧图书馆的智库建设能力。

5. 智慧数据服务人才保障需求

智慧数据服务人才作为智慧图书馆建设的重要因素，人才队伍水平的高低直接关乎图书馆的智慧服务质量。一方面，要完善我国图书馆馆员制度，随着现代数据技术和智慧服务理念的不断加深，图书馆馆员不但要具备文献资源管理思维和文学素养，还要具备一定的数据思维。因此，完善我国图书馆馆员制度变得越来越重要，它可以进一步明确馆员的职责和地位，提升馆员的图书馆管理水平。在图书馆的智慧化建设过程中，要引入和培养可以满足当下和未来用户需求的馆员和技术人才，这样的人才往往是与现阶段的智慧技术和服务模式相匹配的，熟悉并掌握智慧服务的形式、内容和场景。但是，随着技术的不断更新，要想提升馆员与智慧服务模式的匹配度，需要建立科学规范的馆员培训制度，定期展开相关培训，不断提升业务能力，优化服务模式。另一方面，提升智慧服务人员的创新服务能力，需要建立机制提升智慧服务人员的主动性和积极性，激发服务人员的创新能力，为智慧图书馆的构建提供更好的智慧数据服务。

6. 开展智慧用户教育的需求

在智慧图书馆的建设中，不仅需要智慧馆员，还需要智慧用户。智慧用户的教育主要是为用户提供自主学习的资源，让用户在自主学习的环境中发展自我、完善自我和创造自我。首先，需要智慧图书馆为用户提供最佳的智慧服务。这就需要智慧图书馆充分利用信息技术支撑，实现服务的智能化。其次，智慧图书馆要实行数据素质培育，提升用户教育的价值功能。最后，要加强对用户的信息安全认知教育，提升用户的积极配合性，确保个性化服务的有效开展。

7. 加强合作的需求

在智慧图书馆模式下，要加强各要素之间的联系，构建立体智慧空间，加强合作成为必然。在图书馆的智慧化建设中，要从以下几个方面加强合作。一是要加强学者与学者之间的合作。现阶段，有关智慧图书馆的研究还处于视野不断开阔的阶段，需要国内外学者不断加强交流，不断挖掘智慧图书馆的核心价值，不断扩大智慧图书馆理念在社会上的认知度。二是要加强图书馆之间的馆际合作。馆际合作可以有效地降低图书馆在智慧化构建过程中的成本，最大限度地实现资源共享，既解决了图书馆智慧化构建中的资金问题，又满足了智慧图书馆资源共建共享的需求。三是要加强图书馆与供应商之间的合作。图书馆与供应商之间不应该只是单纯的交易关系，更应该站在以人为本的角度，将图书资源最大限度地价值化。四是要加强图书馆与职能部门的合作。在智慧图书馆的构建中，往往需要大量的资金，因此需要搭建统一的智慧服务平台，规避重复建设造成的资金浪费。这就需要相关的政府职能部门给予积极的引导，实现智慧图书馆建设的携手共建。同时，图书馆要加强与企业的合作，以拓宽资金的来源渠道。

二、建设策略

（一）制定与完善相关法律法规及政策

1. 馆藏发展政策

在图书馆的发展过程中，随着文献类型的不断增多，图书馆的馆藏资源不再局限于纸质文献，用户群体和定位也变得日益广泛化。我国对图书馆馆藏政策从经费分配、服务对象、发展目标上进行了明确，并结合图书馆的实际发展情况进行定期修改。由此可见，馆藏发展政策是立足于图书馆的馆藏现状和未来发展趋势，对馆藏经费分配、目的、对象、学科范围、文献资源共建共享等的功能性文件。

2. 数字馆藏发展政策

数字馆藏是智慧图书馆发展的重要组成部分，数字馆藏发展政策是专门针对图书馆数字资源发展的一种电子文献发展政策，主要是对图书馆数字资源的长期发展战略制定及策略实施，为智慧图书馆的馆藏发展提供一定的标准规范和宏观指导。由此可见，数字馆藏发展政策是为了促进智慧图书馆馆藏结构科学合理地发展而制定的数字资源标准规定和数字资源评价体系。

3. 馆藏发展政策制定的目的和作用

（1）图书馆文献资源建设的决策依据

缺乏一定的馆藏发展政策支撑，图书馆计划的制订和规划往往采用定性分析的方法，而图书馆馆藏发展政策的制定可以有效优化图书馆计划的制订和规划。在进行馆藏政策制定的时候，不但需要对图书馆自身的情况进行分析和研究，而且还需要对图书馆的经济、人文等外部环境进行考察，确保政策制定的全面有效性，为图书馆提供长期可持续的发展规划。

在图书馆馆藏发展政策的制定过程中，要将图书馆各方面的活动进行充分考虑，如文献资源共建共享、图书馆发展目标、图书馆服务特色等，这些都是图书馆馆藏政策制定时需要考虑的。而这些参考因素也需要根据图书馆内、外环境的变化而不断地进行调整和修订。

（2）保证图书馆文献资源建设质量

一直以来，采用何种标准进行文献资源的采购是困扰图书馆采购人员的难题，因此，构建一个明确的政策标准对图书馆工作人员来说是十分重要的。馆藏发展政策可以从经费来源、经费分配、文献资源选择等方面对图书馆的建设内容进行详细规划。既明确了各种类型文献的比例指标及层次要求，为图书馆采编人员提供了工作指南，又充分考虑了用户群体和图书馆的发展比例，满足了不同区域用户获取信息的需求，保证了文献建设的客观性。因此，在馆藏发展政策的制定过程中，需要大量的数据调查，确保政策制定的全面性，同时又要有相关部门的专家参与，确保馆藏发展政策制定的科学权威性，从而保证文献资源建设的质量。

（3）促进图书馆文献资源共建共享

馆藏发展政策对于文献资源的共建共享是有很大益处的，尤其是馆际间互借规定的实施，可以改善文献不足的现状。馆际互借可以帮助图书馆减少经费支出和获取更多馆藏资源之间获得平衡，能够加强文献资源的共建共享，在很大程度上实现了文献资源的区域统筹和共建共享。

4. 馆藏发展政策的制定原则

图书馆馆藏发展政策的制定是一个复杂的过程，在制定的过程中必须坚持系统性与协调性原则、相对稳定性原则以及前瞻性原则。系统性与协调性原则需要从图书馆的整体战略角度出发，在考虑图书馆用户和工作人员要素以外，还要考虑地方文化发展的需要，以统筹图书馆各部分的协调发展。相对稳定性原则强调图书馆馆藏发展政策不能因为某个工作人员而进行随意变动，要具有一定的政策相对稳定性，为图书馆的发展提供一定的政策指导价值。前瞻性原则是指在制定图书馆馆藏政策的时候，要对图书馆的未来发展的各种情况进行预测并提供一定的决策依据，要具有一定的前瞻性，以保证政策发展的持续价值性。

5. 馆藏发展政策的制定方式

为了提升图书馆馆藏政策制定的适用性和可操作性，选择科学合理的制定方式是十分重要且必要的，其具体制定方式如下。

（1）成立编制小组

编制小组是图书馆馆藏发展政策制定的基础，需要由多名不同专业并具有代表性的小组成员构成，保障图书馆馆藏发展政策制定的科学性和全面性。

（2）背景调查

充分的背景调查工作是图书馆馆藏发展政策制定的重要过程，也是确保政策实施可行性的重要保障。首先，要进行信息的收集，明确图书馆定位。图书馆的定位不同，其馆藏政策制定也是存在一定差异的，如现阶段我国高校有应用型、技术型、研究型三种类型，其图书馆馆藏发展政策的制定也存在一定的差异，如技术型高校图书馆对于研究型资源的需求是比较小的，公共图书馆用户群体存在儿童、青年等人群的差异，这些都需要在进行政策制定的时候对图书馆的用户群体进行深入了解。其次，要收集地区的中长期规划相关的信息。对于公共图书馆要了解当地政府部门对城市经济、文化等的发展规划，精准掌握当地民众对未来图书馆资源的需求。对高校图书馆来说，要对学校的办学规模、层次、专业分布等进行了解，确保图书馆的建设与学校的中长期规划相匹配。最后，要分析自身馆藏现状。统计分析图书馆主馆、分馆以及数字资源的整体情况，对文献资源的级别层次、专业、文化种类、时间结构等进行全面的分析，并形成分析报告，在此基础上，明确馆藏发展政策的制定目标和方向。

（3）评估馆藏发展政策

进行完背景调查工作以后，在相关文件的指导下，展开对馆藏发展政策的制定和实施，并定期对政策的实施内容进行评估，往往是 2 ~ 3 年评估一次，并根据评估结果对馆藏发展政策的不合理地方进行相应的调整，从而保证馆藏发展政策的合理性与科学性。

6. 相关法律法规及政策的完善策略

（1）制定相关法律法规及政策

在图书馆的智慧化建设中，我国缺乏相应的法律法规。在这个图书馆无处不在的网络环境下，如何保证用户的信息安全和知识产权都需要相关的法律法规来进行维护，为智慧图书馆的发展提供良好的生存空间。与此同时，智慧图书馆相关立法的建设可以促进智慧图书馆的标准化建设，使智慧图书馆建设流程程序更加优化，服务信息更加公开透明，公众参与度进一步提升，从而实现我国智慧图书馆的建设与国际接轨，并形成一定的中国特色社会主义文化事业特色。因此，要结合智慧图书馆的建设特点，加强智慧图书馆建设过程中的网络安全、用户隐私保护、知识产权保护等相关内容的立法。

（2）完善馆藏发展政策的内容

首先，要发展馆藏特色。对于公共图书馆来说，特色馆藏相关政策的制定要根据地方特色和地理位置来决定，体现地方特色，带动文化、经济的发展。如甘肃省地方馆藏建设为凸显西北地区特色，有剪纸、各种年鉴、少数民族出版物等。高校图书馆馆藏则可以围绕学校发展目标、师资特色、学生层次进行设定，以更好地服务教学，体现图书馆的特色优势。因此，图书馆应该将特色馆藏作为馆藏建设的核心。其次，要明确馆藏目标。为明确图书馆馆藏发展目标，需要进行大量的数据调查后，制定有针对性的馆藏发展政策。最后，增强馆藏政策的操作性。

要提升馆藏政策的操作性，量化经费的分配数据，增大图书馆经费分配的主观性。但是，现阶段文献的采选大部分还是采访人员在做，导致现有人员的专业素质不足以支撑图书馆的所有专业书籍采购，因此提升采访政策的操作性尤为重要。同时，要建立模型，量化复本数据。要综合考虑文献的使用情况，严格控制副本数量。要定期修订，修订内容是图书馆根据用户群体和发展目标，定期对馆藏发展政策进行修订，在很大程度上保障了馆藏发展政策的连续性和一致性。因此，馆藏发展政策的修订是必要的，它可以确保图书馆馆藏发展政策的灵活性。除此之外，图书馆的工作是为了用户而服务的，要重视用户的意见。最后，要加强文献资源的共建共享。在图书馆的智慧化构建中，随着数字资源的不断丰富 ，图书馆之间的文献资源共建共享显得尤为重要，需要馆藏发展政策对共享共建做出明确规定。

（3）完善图书馆服务创新制度体系建设

一是注重图书馆未来发展模式的顶层设计，保障智慧图书馆创新建设的稳步推进。要明确智慧图书馆服务创新定位和发展目标，促进智慧图书馆有效制定战略发展规划。要改革和创新组织机构的管理机制，建立开放扁平的组织机构体系和跨部门协作小组，使图书馆之间的合作沟通更加顺畅。要统筹协调与规划，立足于智慧图书馆未来发展定位及趋势，加强图书馆系统规划与协调机制建设，实现共建共享。二是要构建创新型激励机制，创新机制的构建可以促进馆员、用户参与智慧图书馆建设的积极主动性，要采用物质与精神相结合、线上与线下相结合的方式，实现智慧图书馆构建中馆员与用户协作协同作用的发挥。要构建人们创新的激励机制，从馆员和用户的实际需求，构建多元个体激励机制，促进智慧图书馆的人性化发展。三是建立有服务评估与反馈机制，促进智慧图书馆服务创新的良性循环。建立有效的用户评估与反馈机制，确保智慧图书馆建设的完整性和可持续性。加强关于智慧图书馆影响力的评价报告研究，促进图书馆更大范围的协同合作。四是建立长久有效的协作与合作机制，要加强资源、技术、服务的统一协调，加强联盟建设，注重政府、社会媒体以及其他公共机构的关注与支持，实现资源建设和服务共享的最大效益化。

（4）强化理论实践与行业引导作用

从理论角度来看，要将馆藏发展政策的教育落实到高效的专业体系中，以培养相关领域的人才，从而强化对馆藏发展政策理论研究的重视。从实践角度来看，要加强图书馆对馆藏发展政策的制定、实施和评估，以推动图书馆馆藏发展政策的实践，为智慧图书馆的构建提供政策依据。

要强化行业协会宣传监督作用。现阶段，许多文件都为智慧图书馆馆藏发展政策提供了一定的指导，但是馆藏发展政策意识还未深入落实到智慧图书馆的服务工作中，急需相关专家和协会进行积极宣传和引导，普及馆藏发展政策的内容、价值，促进相关工作人员政策发展意识的形成与落实，为智慧图书馆的良好持续发展保驾护航。

（二）资源共享建设与运用

1. 智慧图书馆模式下资源信息共建共享的内容

互联网、物联网、人工智能等技术的发展为图书馆信息资源共享带来了新的发展环境，在很大程度上促进了图书馆的智慧化发展。而资源信息的共建共享需要建立图书馆统一的平台，将各图书馆之间的信息资源实现互通共享的同时，实现携手共建，满足用户对图书馆资源的多元需求。智慧图书馆模式下资源信息共建共享的内容主要包括以下几个方面。一是信息资源的协调采购，不同的图书馆购买与本馆特色相适应的特色图书和数据库，然后以联盟的形式构建一个系统完整的信息资源采购库。二是信息资源合作存储，以用户的需求为导向，以强大的技术为支撑，构建包含存储多个图书馆信息资源的数据存储库。三是馆际互借，主要是将不同图书馆的文献资源进行传递，以供用户使用。

2. 智慧图书馆模式下资源信息共建共享的原则

（1）分工协作原则

要想提高图书馆资源共享建设与运用的质量，就需要加强各共建共享参与主体的分工协同性，以提升资金的使用效率和资源建设的质量。

（2）特色发展原则

在图书馆资源共享建设与运用的过程中，要体现出每个图书馆自身的优势化和个性化，增添图书馆的特色化智慧服务，全面提升整个共建共享服务体系的特色化和质量化。

（3）标准规范原则

在图书馆资源共建共享的过程中，要将涉及的语言描述标准化，数据格式标准化，服务流程标准化，以实现资源的共建共享。

（4）合作共赢原则

在图书馆信息资源的共建共享中要注重实效，同时，也要注重各参与主体的利益，超越了图书馆承受能力的信息资源建设是毫无价值的，在图书馆的信息资源共建共享过程中要坚持互惠互利，实现智慧图书馆的可持续性发展。

3. 资源共享建设与运用策略

（1）建立和完善共建共享管理机制

完善的共建共享管理机制是智慧图书馆资源共享建设与运用的重要保障，因此，在图书馆的智慧化构建中应该给予足够的重视。

首先，要建立和完善动力机制。信息资源共享的实现需要依靠合理有效的动力机制来提供源源不断的动力，通过激发各参与主体的利益动机，不断提升参与主体的主观能动性，激发图书馆的内在动力，推动图书馆资源共享系统的创新可持续发展。一是要建立和完善智慧图书馆的价值实现动力。一个图书馆的价值体现为最大限度地满足用户的信息需求，这也是资源共享建设与运用的根本目的。因此，在资源共享与运用过程中要充分利用现代信息技术，提升信息资源建设的多样化和内容综合化。二是要建立和完善智慧图书馆的生存发展动力。图书馆作为生活在社会环境中的一个实体需要发展和生存，而现代信息的深入发展为图书馆的发展和生存提供了新的动力。在资源信息共享建设和运用的过程中，图书馆要不断提高信息服务的质量和效率，不断提升自身的信息服务竞争力，最大限度地发挥图书馆信息资源建设的整合与共享功能。三是要建立和完善智慧图书馆的效益动力。经费短缺一直以来都是困扰图书馆发展的重要问题，而资源共享建设和运用可以有效地节约图书馆资源建设方面的人力和财力，因此，效益已经成为图书馆合作开展和信息共享的重要推动力。

其次，要建立和完善保障机制。一是要建立和完善信息资源保障机制。建立信息资源质量调控标准保障各类信息资源的真实完整性，建立信息共享技术标准，保障信息共享网络建设的发展性和维护性。需要注意的是，在资源共享网络环境下，更需要注重对图书馆的特色构建，以凸显其共享价值。要彻底改变传统图书馆大而全的馆藏模式，要凸显不同图书馆自身的特色信息资源，以构建专业学科型图书馆。要从网络的全局出发，通过合作的形式对信息资源进行合理配置和全面规划，其中，利益平衡是共建共享的必要协调手段，它可以协调各合作主体之间的关系，调动各合作主体的参与积极性，促进互通有无信息资源体系的构成。二是建立和完善技术保障机制。网络环境信息资源能够真正实现共享，需要先进技术设备给予支持，实现信息管理工作环境的良好改善，这就需要建设“大公共图书馆”的服务模式。充分利用信息化建设作为动力，通过信息技术的不断发展来实现图书馆社会化服务的高效开展。

最后，要建立和完善监督与激励机制。监督机制的建立和完善要从两个方面入手。一是以政府评估为主的监督，图书馆资源共享合作的建立需要得到法律的公证，也需要政府对相关政策问题进行管理和监督。二是以用户需求为主的监督，用户需求是图书馆不断发展的动力，对于推动图书馆资源共建共享具有十分重要的价值和意义。因此，要重视用户的需求，通过用户对资源共建共享的满意度调查，来发现图书馆共建共享中存在的问题并做出相应的调整，确保共建共享工作的顺利开展。激励机制的建立更有利于图书馆工作人员全身心地投入到工作管理中去，使他们积极主动地处理各项事务，不断提升自身的工作技能。同时，可以采用反馈激励监督机制对线上和线下信息进行管理，以有效提升监管实效。

（2）打造“核心＋扩展”的资源共享发展结构

在智慧图书馆资源共建共享的过程中，需要聚合优质资源，以不断提升资源共建共享的服务水平和创新能力。因此，在图书馆资源共建共享结构构建的时候，要选择一些实力强、具有影响力的图书馆，作为资源共建共享的核心部分，然后吸纳与其关联的图书馆或者组织结构来作为扩展成员，进一步拓展资源共建共享的规模。可以运用数据挖掘、人工智能等新技术来打造智慧图书馆联盟，并通过特色数据库的构建来提升联盟的品牌知名度，在吸引广大用户的同时，提升资源的利用率。

（3）打造5G跨地区的协同合作网络

随着5G技术的深入，打造基于5G技术的新阅读产品，成为提高智慧图书馆协调发展的重要举措。因此，在5G技术的环境下，图书馆要加强跨地区的直接合作，通过共同建立资源实现共享。

随着互联网的深入发展，5G技术已经广泛进入大众的视野，作为提高智慧图书馆服务水平的重要技术支撑，5G技术在图书馆馆内资源和信息整合方面发挥了重要作用。借助5G技术所带来的高端服务，为用户提供不一样的体验和感受，如沉浸式虚拟现实空间的打造，超高清视频的展示。同时，利用5G技术加强了图书馆与教育、医疗等行业的合作，如跨地区授课、跨地区远程直播和手术等。让智慧图书馆服务广泛应用于社会服务中，融入用户的现实生活中，不断提升资源共享价值。

（三）创新技术研发与运用

随着智慧城市理念的出现，智慧图书馆成为21世纪图书馆业界学者理论和实践的热点。互联化、智慧化和物联化网络高科技技术的发展，为智慧图书馆的建设不断注入新的理论和技术，也改变了人们运用图书馆服务于学习的途径和手段。现代信息技术和新的服务理念为图书馆带来了创新与变革，实现了人流、信息流和资源流的全面流动，用户关注的重心不再着眼于知识的获取和挖掘，而是更加重视自身个性化的服务需求。由此可见，智慧图书馆创新技术的运用不仅为智慧服务提供了组织保障，同时还提升了信息资源的价值属性。

1. 智慧图书馆模型构建的主要技术

智慧图书馆的每一次改善和进步都离不开创新技术的升级，因此技术的发展和应用在图书馆的发展历程中扮演着十分重要的角色。在智慧图书馆的建设过程中需要各种技术的参与，以实现智慧图书馆的全面、协调发展。

（1）智慧感知层技术

智慧感知层技术是智慧图书馆建设的基础技术，主要包括可穿戴技术、传感器技术、无线射频识别技术和视频监控技术。可穿戴技术主要借助独立的计算机芯片，通过用户的穿戴收集用户的行为数据，从而为用户提供相关的服务。可穿戴技术在智慧图书馆中的应用是比较广泛和多样的，如图书查找、用户定位等，但是在可穿戴技术应用的过程中，会面临用户的隐私问题，这在很大程度上制约了可穿戴技术的发展，需要加强可穿戴技术后续技术的不断完善，以减少技术漏洞，增强对用户的隐私保护。传感器技术是运用于智慧图书馆感知层面的一种重要技术，通过温度、光敏、湿度等传感器的应用，对智慧图书馆的环境进行调整，从而实现图书馆的智能感知。无线射频识别技术主要以芯片的方式进行应用，其具有识别速度快、容量大、抗干扰能力强等特点，可以实现图书馆的自动盘点和智能化借还，但是在应用该技术的时候需要将图书馆的馆藏标签进行电子化，以准确记录图书的相关信息。同时，无线射频识别技术在进行用户身份认证、图书馆门禁、安防系统等方面发挥了重要的价值作用。随着现代技术的不断创新，未来的无线射频识别技术将迸发出更大的力量，创造更大的服务价值，更能促进图书馆的智能一体化管理。视频监控技术是监督图书馆管理行为和用户行为的行之有效的方法，已成为现代智慧图书馆建设过程中重要的“视觉器官”，对于图书馆学术报告的录制和业务的监督有着十分重要的作用。

（2）网络传输层技术

网络传输层技术是整个智慧图书馆建设体系结构中的传输单元，在智慧图书馆数据传输、物联互通和实时控制方面发挥了十分重要的作用。网络传输层技术主要包括无线网络技术、“三网”融合技术和计算机通信网络技术。无线网络技术主要以无线通信技术为切入点，对图书馆数据传输、环境监测、信息交互起着积极的支撑作用。随着无线通信技术的不断深入和发展，以 Wi-Fi 为代表的无线网络技术得到了广泛的应用，用户可以通过智能设备享用图书馆的各种服务。“三网”融合技术为智慧图书馆的泛在化服务提供了泛在的网络支持和衔接，实现了用户在任何地方、任何时间获取信息资源的便利环境，实现了图书馆之间的互联互通。随着“三网”融合技术的不断发展，以休闲娱乐为体验方式的智慧图书馆服务模式正在逐步形成，这使智慧图书馆的泛在化服务功能得到进一步深化。计算机通信网络为图书馆的信息重组和便利提供了有力的技术支撑，它可以促进原本依附于文献载体的知识单元向以信息网络为载体的知识资源转变，在实现图书馆馆藏资源有序化、集成化的同时，提升图书馆的用户服务技能。

（3）数据资源层技术

数据资源层主要由用户数据和相关的处理技术两部分构成，其主要运用的技术有数据挖掘技术、云计算技术、数据仓储技术、语义分析技术和信息推送技术。数据挖掘技术主要是通过用户行为数据的深层次挖掘，最大限度地匹配用户对数据资源的需求。云计算技术侧重于数据的处理能力，有利于图书馆的智能化和个性化服务创新，为大数据环境下的信息价值的转化提供了基础设施条件。在图书馆的智慧化建设中，云计算受到了重点关注，该技术的发展与新技术的发展密不可分，它可以实现业务发展趋势和用户行为走向的精准预测，提高图书馆服务用户的体验深度。数据仓储技术可以为图书馆的服务扩展提供数据支持，为图书馆资源服务决策提供数据支撑。数据仓储技术在图书馆中的应用，可以实现馆藏资源整合的高效处理，对图书馆的服务创新和效益提升有着重要的参考价值。语义分析技术实现了人类与计算机之间的无障碍化交流，利用先进技术可以将人们理解的知识以计算机语言的形式呈现出来，从而深化知识获取的本质追求。信息推送技术作为一种新兴的通信模式，其服务的关键是以用户需求为基础，结合用户的行为偏好、检索历史等，为用户提供个性化的推荐，实现了图书馆场景化、定制化的主动服务。

（4）智慧应用层技术

在智慧图书馆的建设过程中，智慧应用层是整个技术模型体系构建的顶端，其应用的技术主要包括数据可视化技术、虚拟现实技术、增强现实技术和多媒体技术。数据可视化技术是利用计算机呈现给用户可见的数据表现形式，它可以促进用户对抽象数据的认知、理解和创新，模糊知识的清晰化和隐性知识的显示化。在图书馆智慧化构建的过程，无论是知识信息的收集，还是知识信息的组织，都需要可视化技术来支持创造图书馆知识服务的视觉效果，以构建更加完善的知识信息结构。虚拟现实技术的可视性、多重感、沉浸式特点可以让用户产生真实、立体的体验，大大增加了用户对智慧图书馆虚拟现实感的亲和力。增强现实技术在智慧图书馆中的应用可以为用户营造更加舒适的智慧虚拟空间，如 AR 技术的应用，大大提升了用户对虚拟空间的真实感受。

2. 智慧图书馆模型构建的技术策略

（1）强化科技驱动

科学技术作为智慧图书馆模型构建的重要支撑，在图书馆智慧化的建设中要加强对创新技术的研究与应用，发挥技术在图书馆智慧化建设上的功能优势，从而实现技术推动智慧图书馆不断创新的目标。一是要强化图书馆云平台建设，基于大数据、云服务和云存储等技术，构建智慧图书馆云服务平台，要坚持标准化、一体化的原则，以实现数据系统与管理系统的有效对接。同时要提升公共数字文化服务能力，从用户的需求出发，建立公共数字文化服务平台，为图书馆各项服务业务工作的开展提供强有力的保障。二是注重信息技术的研究，随着智慧图书馆的不断发展，对技术的要求也会不断更新，因此在图书馆的智慧化构建中，要不断加强新技术的研究，为图书馆的智慧化发展提供创新的可持续的驱动力。全力推动云计算、移动互联网、人工智能等技术的研究，并结合聚类分析、关联数据分析等研究方法，实现对用户阅读行为的预测。同时，要充分利用新兴媒体、前沿技术等创新图书馆服务内容，构建满足用户多样化需求的智慧图书馆。三是要加强信息安全保障系统建设，提高应对网络安全事件的能力，增强信息基础设施的抗灾难和灾难恢复能力，从而构建坚实的智慧图书馆保障体系。

（2）关注用户隐私保护

随着智慧图书馆的不断深入发展，图书馆对用户的数据采集也不断深化，由于网络的不稳定性，用户在享受图书馆提供的智慧化服务的同时，用户的信息可能会存在泄露的风险，这就需要图书馆在运用创新技术时，要重点关注新技术给用户隐私带来的安全隐患，不断优化新技术，提升对用户隐私的保护。一是要从技术维度加强对用户隐私的保护，结合智慧图书馆技术模型的构成，可以从不同的层面对用户隐私进行安全保护，如在智慧感知层和网络传输层，通过应用 PP 标准协议和 EPAL 语言等安全技术来加强对用户隐私的保护。在数据资源层，为了预防用户信息追溯造成的用户隐私泄露风险，可以采用匿名化技术和健全的信息加密机制，让用户信息隐匿在隐性的区间之中。同时，为了确保用户身份的唯一性，要设置身份动态密码认证，为用户提供多重的隐私保护。二是多种方式探索用户隐私保护，智慧图书馆的管理数据库应该设置杀毒、修复、备份等多种技术功能，从多角度对用户隐私进行保护。同时，要建立多学科融入机制、软件监控机制和设置、隐私保护专业人员，不断提升用户数据处理的有效性和安全性。

（3）加强技术层次的融合

智慧图书馆的各技术层次在图书馆的功能实践过程中扮演着不同的角色，它们既是相互独立又是相互联系的。因此，在智慧图书馆技术模型的构建中，加强各技术层次之间的统一调节和控制是十分重要和必要的。一是要规范数据感应接口，为了提升智慧图书馆数据采集的高融合性以及图书馆管理系统获取数据的系统集中性，需要对数据感应接口进行规范，以保证各个感知层节点之间的互联互通性。可以将用户“智能一卡通”作为数据接口标准化的凭借，对图书馆管理系统进行一体化动向兼容管理，从而实现图书馆各项数据的统一整合、定位管理，实现图书馆数据资源的高效配置。二是统一技术标准，智慧图书馆的发展离不开智能技术的发展，但是在智慧图书馆的建设中，智能技术标准的欠缺成为阻碍智慧图书馆发展的重要因素，因此智慧图书馆要想提升自身的服务水平，需要加强与技术企业的合作，以构建比较成熟的技术产业标准，从而规范智慧图书馆的智能化发展。三是软、硬件规范化，在图书馆的智慧化建设中，加强对软、硬件设施的规范化是十分重要和必要的。在软件方面要达到系统的兼容化，在硬件方面要加强运行参数的合格化，加深标准接口的统一化。

（四）转变图书馆运营理念

理念和目标是紧密联系的，想要达到什么样的目标，就要建立什么样的理念。在图书馆的智慧化建设中，要转变图书馆的运营理念，需要明确智慧图书馆建设的目标。

1. 智慧图书馆的建设目标

（1）总体建设标准化

标准是经济活动和社会发展的重要技术支撑，在智慧图书馆的建设中标准体系的建设也是尤为重要的，尤其是在智慧城市建设的标准模式背景下，智慧图书馆的标准化成为智慧城市的重要表现。要成立智慧图书馆相关标准化组织，出台智慧图书馆相关标准化的规章制度，从宏观层面对智慧图书馆的建设做出系统布局，有序、规范地指导智慧图书馆建设工作的开展，推进图书馆智慧化建设的不断升级，并在不断地创新驱动下形成良好的格局。

（2）区域探索特色化

智慧图书馆建设中不但要体现出对智慧技术应用的技术性，而且体现出智慧资源建设的特色性，以凸显智慧图书馆独特的价值功能，更加广泛地吸引用户，并形成自身独特的竞争优势，从而实现智慧图书馆的地域特色和人文特色，为独具中国特色的智慧图书馆构建提供重要的基础保障。在社会主义文化事业建设越发重要的今天，智慧图书馆也应该肩负起保存和传承文化遗产的职责，通过戏剧、曲艺、影视等跨行业的合作，以及跨区域文化资源的整合探索出独具特色的文化遗产保护和传承形式，不断优化图书馆的馆藏资源结构，构建独具时代文化特色的智慧中心，以实现图书馆发展的重新定位。

（3）用户服务智能化

智慧时代每天都有着变化，面对用户不断变化的交流和学习需求，智慧图书馆的智能化服务变得更为重要。这就需要图书馆借助一定的智慧技术来提高图书馆的资源建设和服务，实现图书馆资源的智能搜索、定位和创造。智慧图书馆建设的目的在于实现知识的交流，这与传统的图书馆实现信息资料的流通是有显著差异的。在知识信息发展迅速的今天，知识交流对于每个人、每个国家的发展都是十分重要的，这也充分彰显了新时期智慧图书馆构建的新内涵。

（4）管理控制精准化

在图书馆的智慧化建设中，伴随着智慧程度的提升，信息量也会呈现高速增长。在这种情况下，为了保证智慧图书馆的服务效率和质量，需要图书馆对海量的信息做出精准的管控，以保障图书馆活动的正常开展。也需要图书馆充分利用信息技术对产生的海量信息数据进行动态管控，以实现信息资源的深度挖掘和精准管理，同时也可以帮助图书馆发现用户的思维和行为模式，切实提高图书馆的整体运作能力。

2. 智慧图书馆建设中应该贯彻的理念

图书馆在智慧化建设中要想实现可持续发展，就要在原有发展理念的基础上，结合新时期用户需求的新理念，不断进行理念的创新，提高图书馆的使用率和核心竞争力。结合现代用户的信息获取需求，智慧图书馆在建设的过程中必须遵循以下理念。

（1）以人为本理念

充分了解用户与图书馆馆员的需求和建议是智慧图书馆建设成功的前提，智慧图书馆在发展过程中要立足于用户对图书馆的多功能需求，充分展示以人为本的发展理念，为用户提供更好的体验。同时，要建设和谐舒适的图书馆工作环境，激发图书馆馆员的工作热情，创造更高的图书馆工作效益。这需要图书馆在智慧化的建设中要进行人性化的设计，为用户创造更加舒适、惬意的阅读空间，如在阅读区域设置休闲空间，来提高用户的体验和满意度。

（2）合理性理念

在图书馆的智慧化建设中，图书馆由传统的封闭型走向开放型已经成为其发展的必然趋势，这需要智慧图书馆在建设过程中要进行合理的布局，保证智慧图书馆建设开放型的同时，促进智慧图书馆的多样化发展。在进行智慧图书馆合理布局的时候，主要从藏书、学习、入口、阅览、创客、体验等方面进行合理设计，以保障智慧图书馆建设的灵活性和扩展性。

（3）经济实用理念

在图书馆的智慧化建设中要坚持经济实用性原则，即投入与产出比最大化。因此，在图书馆的智慧化建设中要注重对成本的节约性。要有效地引导用户分流，优化馆员配置，实现图书馆整体功能的价值最大化。要积极开发虚拟空间，充分利用实体空间，通过虚拟结合来实现图书馆服务价值的最大化。

（4）可持续发展理念

智慧图书馆要想实现可持续发展，就需要根据用户的需求不断地进行调整，而不是一直保持原有的模式。因此，图书馆的智慧化建设应该具备一定的弹性和前瞻性，为智慧图书馆的未来建设预留空间。如普通图书馆在新馆建设的时候，无论是在空间面积上，还是在技术设备上都进行了超前的预设，目的在于实现后期的有效对接。与此同时，根据用户需求的多样性和波动性，智慧图书馆在馆藏、借阅等环节建设的时候，也要采取预见性的措施，以满足用户不断变化的知识获取需求。

（5）特殊性理念

智慧图书馆在建设过程中其服务群体应该进一步扩大，不但要为普通公众提供服务资源，而且还要提高对特殊群体的服务。特殊群体作为社会群体的重要组成部分，他们拥有和其他普通公众一样获取信息的权利，但是由于自身条件的限制，图书馆要提高对他们的服务，如设置障碍阅览室、残障通道等。在空间设计上考虑儿童、老年人的兴趣、特征需求。国外的智慧图书馆在建设过程中是比较重视特殊群体的，如澳大利亚、新西兰等国家通过图书馆之间书刊交换的形式来不断地扩大盲文的收藏，还会采取邮寄的方式为特殊群体提供上门服务。我国在无障碍通道和设施上为特殊群体提供了服务，并设立了有声读物服务网，盲文阅览器等。但是总体来看，图书馆在特殊群体服务方面还是有待加强的，这也是图书馆智慧化建设的重点方向。

（6）环保绿色理念

在图书馆的智慧化建设中，环保绿色理念一直都是图书馆建设所致力的方向。因此，在图书馆的智慧化建设中，高效能、无污染、高新技术都已被应用，无论是在建筑层面还是在资源层面，乃至服务层面。环保绿色理念的应用可以最大限度地节约成本，最大限度地提升服务效益，延长了图书馆的生命周期，因此在智慧图书馆的建设中值得推崇。

（五）打造智慧馆员队伍

我们去过很多图书馆，发现每个图书馆的服务态度和质量都存在差异，造成这种差异的除了技术和资金的差异外，更重要的一个差异就是馆员。在智慧图书馆模式下，图书馆对馆员提出了新的工作要求，这需要打造较强的智慧馆员队伍，以满足新时期图书馆管理工作的需求。

1. 智慧馆员

在智慧图书馆服务模式下，其构成要素主要为馆员、用户、资源和技术。馆员作为其中的重要因素，服务角色是伴随着图书馆的发展而不断变化的。智慧馆员是智慧服务模式下图书馆馆员的新角色，与传统的馆员相比，智慧馆员的优势在于对智慧技术的应用，知识的培育和创新，也需要依赖馆员的智慧。伴随着智慧馆员的角色定位，图书馆馆员工作的复杂性和综合性也随之出现。智慧服务模式下的图书馆馆员不但要做文献服务，还要做技术服务、数据服务和研究工作，在这种情形下，智慧馆员拥有了多重身份，如嵌入式馆员、协同式馆员、创新型馆员等。

2. 智慧馆员核心能力的构成

结合智慧图书馆的发展内涵和模式，笔者认为，一个智慧馆员应该具备职业精神、职业能力、人际交往能力、信息素养和信息安全法律认知能力。

一个馆员的职业精神反映了其对图书馆工作的职业认同情况。作为一名智慧馆员应该具备较高的职业认同感，能很好地融入图书馆的文化氛围。同时要具备强烈的职业目标愿望，坚守职业道德，这样才会具有主动创新的服务意识。

一个馆员的职业能力反映了其对图书馆工作的岗位胜任情况。作为一名智慧馆员不但要拥有职业发展的学习能力，还要具备解决问题的总结和反思能力，更要具备图书馆业务推广的能力，以及与同事共享知识的沟通能力。

在图书馆的管理工作中，馆员每天都要面临形形色色的人，需要馆员具备一定的人际交往能力。如沟通协调能力可以帮助馆员及时获得重要信息，实现馆员知识的储备和再创造。

智慧馆员应该具备获取、准确判断和创造信息的能力，以实现信息的高效获取和价值性评判。同时，智慧馆员也要具备一定的信息安全法律认知，了解智慧图书馆所处的立法环境，对智慧图书馆的发展方向和内容有清晰的认知。

3. 打造智慧馆员队伍的策略

智慧图书馆的建设和发展离不开馆员的努力和支持，因此加强智慧馆员的建设是智慧图书馆建设过程中亟需解决的问题。在智慧图书馆模式下，图书馆的服务理念、内容、方式等发生了根本性的变化，在这种情形下，图书馆需要从馆员素质和能力两个方面来加强馆员队伍的建设。

一是改善图书馆馆员自身的素养短板。在海量信息铺天盖地的当今社会，用户缺少的不是知识，而是知识获取的指导和能力。图书馆馆员作为提供知识服务的管理者，要适应信息纷杂的社会需求，不断提升自身的综合素养，如数据分析、信息咨询等。同时，要提升智能技术和智能化设备的应用熟练程度，图书馆馆员要想提升自身的智慧服务能力，必须熟练掌握智慧图书馆应用的现代智能技术和设备。这需要馆员树立终身学习的目标，不断获取最新的智慧素养，以适应图书馆的智慧化发展。

二是提升图书馆馆员的综合能力。图书馆馆员的能力影响着智慧图书馆的发展，影响着用户对智慧图书馆的体验与感受，因此要不断提升图书馆馆员的综合能力。第一，要提升图书馆馆员的综合分析能力。在智慧图书馆的深层次发展过程中，图书馆馆员要提供更加深入的智慧服务，需要不断地更新自身的知识体系。同时要有精确的信息定位能力和超前的信息分析洞察力，及时向用户推荐最新的发展动向和热门话题，满足用户的多元信息获取需求。第二，要提升图书馆馆员的业务能力。智慧馆员作为智慧图书馆的重要组成部分，其需要具备多层次的能力，如知识能力、信息使用能力、服务能力等，这需要图书馆制订馆员长期培训学习计划，加强图书馆馆内交流与沟通，增强馆际学习与交流，开展跨学科培训等措施。馆内交流有利于互帮互助良好竞争学习环境的形成，馆际交流可以不断开阔馆员的眼界，通过学术互动交流，来明确自身的优势和劣势，从而不断提升创新自己的能力。第三，增强图书馆馆员的服务能力。在智慧图书馆模式下，一些传统馆员的工作被智能设备替代，智能设备和技术的应用让馆员从一些低级重复的工作中解放出来，但是智能设备和技术不具备情感，还需要依托馆员来不断提升图书馆的人文性服务能力。一方面要提高馆员增强用户满意度的能力，用户的满意度从侧面反映了图书馆提供给用户的信息资源质量，而在这个过程中馆员的服务能力是比较重要的，尤其是在增强用户信赖感层面。另一方面馆员要提升基于用户人性化的服务，提升馆员与用户的沟通能力，通过服务的即时性和合理性，来体现以人为本的服务理念，从而吸引更多的用户参与到图书馆活动中。第四，提升图书馆馆员的开拓创新能力。图书馆作为文化知识的聚集地，需要不断地创新。智慧馆员作为智慧图书馆的重要组成部分，只有不断地进行创新，才能实现自我能力的发展，为用户提供更好的服务。这就需要馆员首先要从服务理念上不断创新，由以资源管理为导向向以用户需求为导向进行转变，由被动服务向主动服务进行转变。其次，要从服务实践中进行创新。在智慧图书馆服务模式下，智慧馆员要敢于和善于利用新技术和新方法，不断优化自己的岗位服务工作，为用户创造更舒适、便捷的服务环境。最后，要树立终身学习理念。无论是在生活中，还是在图书馆服务工作中，树立学习的意识，不断积累新的知识、理念助力智慧图书馆的发展。

三是完善图书馆馆员引进机制。通常情况下与智慧图书馆馆员人才队伍建设相对接的专业有情报学、图书馆学和信息管理学，引进这些专业的人才可以提升馆员的知识服务能力。因此，除了对现有馆员进行信息素养和能力的培养以外，还要建立完善的人才引进机制，吸引更多优秀专业人才的加入，为智慧图书馆的创新发展提供更多的信息服务与智力支持。

（六）促进用户习惯的养成

智慧技术的不断发展和推广，改变了图书馆的服务模式。作为图书馆服务的受体，用户有必要对自身的需求和能力进行重新审视，以更好地享受图书馆所提供的智慧化服务。因此，在图书馆的智慧化建设中，加强对用户的教育，促进用户良好习惯的养成，对自身的发展也是十分必要的。

1. 智慧时代图书馆与用户教育的变迁

智慧时代的到来改变了图书馆的基础环境，也改变了用户获取信息的观念和习惯。传统图书馆服务以纸质馆藏服务为核心，因此在传统图书馆服务观念里，图书馆被当作一个借书、看书的地方，用户主要以读者的身份去接受图书馆的被动服务。而智慧时代的到来，用户接受图书馆的服务变得更加多元化，如数字化的阅读、动态的线上咨询、科研的信息交流等，图书馆服务空间和流程的数字化使用户的知识结构和需求发生了巨大的变化。而且，在海量的信息面前，与检索出的大量原始文献相比，用户更倾向于对加工后综合性文献的需求。在这个过程中，需要图书馆为用户提供更加科学、专业的信息组织传递服务，为用户提供更加系统的数据库服务。因此，图书馆要从服务内容、服务时间、服务态度以及服务质量等方面进行调整，以满足智慧环境下用户对图书馆的服务需求。

在智慧模式下，用户面对的信息空间更大，获取信息的手段也更加多元，用户要想充分利用智慧信息系统获取信息，就必须对智慧环境下的信息技能熟练掌握，这势必会给图书馆原有用户的教育内容和方式带来冲击。比如，让用户利用计算机进行馆藏书目数据库的检索，学会利用网上资源去获取信息，利用虚拟图书馆来获取学习资料等。

2. 智慧图书馆下的用户教育内容

随着智慧技术的不断深入发展，用户的教育工作越来越受到图书馆的重视，主要体现在以下几个方面。一是理念层面，在智慧图书馆用户教育中以用户为中心的教育理念逐渐凸显，这与传统的以文献信息服务为中心的教育理念是存在显著差异的。可以为用户提供自动式自学教程服务，还可以为用户提供交互式服务。二是内容层面，在智慧图书馆模式下，培养用户的信息素质成为图书馆用户教育的主要目标，各图书馆围绕这一目标制订丰富的教育计划，但是现阶段有关用户的信息素质教育和用户教育还缺乏明确的教学计划和大纲，导致用户的信息意识比较差。三是用户教育效果的评估，智慧图书馆的建设与发展应该是面向用户的，用户教育效果评估也不例外。为了保障图书馆教育服务工作的到位，在图书馆的智慧建设中要采用多种激励和引导的措施增强用户的体验，通过体验来对图书馆的教育工作做出客观的评价，从而有效地指导下一步教育工作的开展，同时有效地控制培训成本，提升培训的投入与产出比。

3. 智慧图书馆时代加强用户习惯养成的策略

（1）改变用户教育服务管理的目标和模式

在智慧时代，图书馆的智慧信息服务成为主流趋势，在进行用户教育的时候其管理目标和模式必须以智慧信息用户需求为导向，为用户习惯的养成提供基础。要培养用户的终身学习能力，智慧时代的到来使人类真正进入终身学习的时代，尤其是互联网信息技术和人工智能技术的发展，改变了人们的学习方式，使用户学习逐渐呈现虚拟化、个性化的发展趋势。要建立完整有效的用户教育体系，加强图书馆的跨区域、跨行业合作，以实现用户教育资源的共建共享，促进用户教育水平的整体提高。在改善图书馆用户教育目标的基础上，要对图书馆用户教育服务模式进行优化。传统图书馆的服务模式主要是收集、整理、选择、加工等线型的服务模式，在智慧图书馆模式下显然不能满足用户需求。因此，图书馆的工作必须建立网络型的服务体系，促进图书馆服务模式由传统型向智慧型的转变。

（2）加强用户教育合作

对用户进行教育培训作为图书馆服务的一个重要组成部分，随着人们学习方式和教育方式的改变，如何保障图书馆在信息资源提供方面保持长期稳定的支持，加强用户教育的合作与共享显得尤为重要。一是要加强与先进技术方面的合作，在展开用户教育的时候也必须与新技术密切联系在一起，如建立各种形式的网上互动培训课程，方便用户对相关知识的学习，而且用户在利用新技术学习的过程中，其自身的信息素养也会得到进一步的提升。二是要促进用户教育内容的针对性，针对不同用户对信息的需求，设计不同的培训内容，以促进培训资源价值最大限度地发挥。三是要加强与用户之间的合作，以用户需求为驱动，通过征求意见、课堂交流等来为用户提供更加贴切的教育培训内容，建立用户合作机制，适应时代的需要。

（3）注重用户的开发和培训

随着图书馆智慧技术的不断深入发展，用户可以获取的资源越来越多，在海量的资源信息中，用户如何寻找到适合自己的高质量图书信息资源，需要用户具备一定的信息资源获取能力，在这种情况下，加强对用户的开发和培训是十分重要和必要的。通过开发和培训，不断提升用户的知识素养，具体可以采取以下开发和培训方法：一是泛在学习，将智慧图书馆的泛在智能技术应用到用户的开发培训中，通过与用户的实时交互来为用户提供全天候的知识服务，为用户营造浓郁的学习氛围。二是移动学习，随着互联网移动技术的不断发展，利用移动终端展开学习成为用户选择的主要阅读倾向，在这种情形下，智慧图书馆应该充分考虑用户的这种阅读习惯，通过为用户提供多种移动学习方法和资料来为用户移动浓郁的学习氛围。三是差异学习，由于用户的个体差异性，不同用户对知识的理解和新技术的应用会存在一定的差异，这就使不同的用户在利用智慧图书馆的时候，学习动机和自身的知识构建存在差异，需要智慧图书馆构建并提供个性化学习系统，并给予有针对性的辅导，帮助用户进行有计划、自主性的学习。

参考文献

陈衡毅 , 2021. 大数据时代高校图书馆智慧服务存在的问题及对策研究 [D]. 湘潭大学 .

程煜 , 2018. PPP 模式与公共图书馆智慧化发展策略的探析 [D]. 南京邮电大学 .

董雪敏 , 2018. 基于智慧图书馆技术的公共图书馆阅读推广模式研究 [D]. 天津理工大学 .

郭晓柯 , 2016. 我国智慧图书馆建设研究 [D]. 郑州大学 .

彭珍 , 2019. 我国公共图书馆智慧服务研究 [D]. 湘潭大学 .

吴斯佳 , 2021. 大连市高校图书馆智慧服务现状及发展策略研究 [D]. 大连外国语大学 .

肖奕夏 , 2020. 5G 环境下的智慧图书馆研究 [D]. 华中师范大学 .

张念祥 , 2019. 智慧图书馆生态及场景构建研究 [D]. 吉林大学 .

郑怿昕 , 2015. 智慧图书馆环境下馆员核心能力研究 [D]. 南京农业大学 .

朱珠 , 2020. 智慧校园建设水平评价研究 [D]. 安徽财经大学 .